교사교육 개혁의
그랜드
디자인

교사교육 개혁의
그랜드 디자인

초판 1쇄 발행 2018년 1월 19일

지은이 | 사토 마나부
옮긴이 | 손우정

발행인 | 김병주
출판부문대표 | 최윤서
편집장 | 허병민, 편집 | 박현조
디자인 | 디자인붐
마케팅 | 장은화, 김수경
펴낸곳 | (주)에듀니티(www.eduniety.net)
도서문의 | 070-4334-2196
일원화 구입처 | 031-407-6368 (주)태양서적
등록 | 2009년 1월 6일 제300-2011-51호
주소 | 서울특별시 서대문구 연희로2길 76 4층

ISBN 979-11-85992-73-0 (13370)
값은 표지에 있습니다.

SENMONKA TO SHITE KYOSHI WO SODATERU by Manabu Sato
© 2015 by Manabu Sato
First published 2015 by Iwanami Shoten, Publishers, Tokyo.
This Korean edition published 2018 by Eduniety, Seoul
by arrangement with proprietor c/o Iwanami Shoten, Publishers, Tokyo.

이 책의 한국어판 출판권은 신원에이전시를 통한 Iwanami Shoten과의 독점계약으로
㈜에듀니티에 있습니다.
저작권법에 의하여 한국 내에서 보호를 받는 저작물이므로 무단전재 및 복제를 금합니다.

교사교육 개혁의
그랜드 디자인

사토 마나부 지음 · 손우정 옮김

프롤로그

위기와 개혁

　아이들과 일본 사회의 미래는 교사의 두 어깨에 걸려있다. 그러나 교사교육의 현실은 놀라울 정도로 알려져 있지 않다. 예로 일본 교사의 학력 수준은 보통 개발도상국 수준이며, 세계에서 최저 수준이라는 사실을 어느 정도의 사람들이 인식하고 있을까? 교사의 일은 갈수록 점점 더 힘들어지는가 하면, 신뢰와 존경을 잃고 전문가로서의 능력을 향상시키는 조건도 열악해지고 있다. 게다가 베이비붐 세대의 대량 퇴직으로 도시나 도시근교에서는 신규 교사를 대량 채용하는 시대가 시작되고 교사의 질적 저하가 일어나고 있다. 문부과학성은 향후 10년간에 교사들의 40% 이상이 교체될 것이라고 상정하고 있지만, 이 대규모 퇴직과 대규모 채용 시대에 교사의 질을 한꺼번에 높이지 않는 한 일본의 미래는 없다.

진행하는 교사의 위기

그러나 매스미디어는 교육의 위기를 왜곡하여 보도해 왔다. 최근 10년간 매스미디어는 교육 위기의 중심을 '학력저하'에서 찾고 있다. 하지만 OECD(경제협력개발기구)의 PISA 조사에서도 국제교육도달도평가학회(IEA)의 TIMSS 조사에서도 일본 학력은 약간 저하된 경향을 보이고는 있지만, 지금도 상위권을 유지하고 있다. 적어도 상위 절반의 학력 자료를 보면, 일본은 상위 수준(1위 또는 2위)을 계속 유지하고 있다(학력저하는 중위층과 하위층에서 일어나고 있다). 두 개의 국제조사에서 일본이 현저하게 떨어지고 있는 것은 이 책의 여러 곳에서 지적하고 있는 바와 같이 학력 순위라기보다 오히려 미디어가 무시해 온 교사에 관한 일련의 조사결과이다.

교사의 위기에 관해서도 매스미디어는 실태를 혼동해오고 있다. 최근 10년간을 되돌아보면, 교사에 관한 미디어의 보도는 '부적격 교사'와 '민간인 교장'(교원면허장도 교직 경험도 없이 민간인이 공모 방식을 통해 임용되는 교장_옮긴이)이라는 두 가지에 집중하고 있다. 분명히 '부적격 교사'의 존재는 꺼림칙한 일이지만 '불상사'로 처분을 받고 '부적격 교사'로 퇴직한 교사는 매년 100여 명 정도이며, 약 100만 명에 1만 명 중 1명, 0.01%이다. 그 예외 중의 예외적인 현상이 텔레비전과 신문과 주간지의 좋은 소재가 되었고 교사에 대한 평가와 통제의 근거가 되어 교사면허갱신제가 도입되었다.

'민간인 교장' 보도도 마찬가지이다. 현재 약 70명의 '민간인 교장'이 채용되어 있지만, 현재 일본에는 초등학교는 약 2만교, 중학교는 약 1만교, 고등학교는 약 5,000교가 있다. '민간인 교장'은 전체 교장의 0.2%에 지나지 않으며, 게다가 그중 약 반수가 3년 이내에 사직하고 있다. 자살한 '민간인 교장'도 있다. '민간인 교장'은 학교개혁의 추진력이 되지 못하고 있다. 매스미디어는 '민간인 교장' 이외의 99.8%의 학교에서 교장이 어떤 어려움에 직면하고 있으며, 어떤 개혁을 추진하고 있는가에 대해서 보도를 해 오고 있는가? 거의 전무하다 할 수 있다.

이처럼 미디어는 교사들의 현실과 멀리 떨어져 있으며, 교사 위기에 대해서 현실과는 다른 이미지를 창작하고 유포해 왔다. 일반적으로 이야기되는 교사에 관한 '위기'와 '개혁'은 미디어에 의해 농락당하고 정책결정자가 창작한 '위기'와 '개혁'에 불과하다.

물론 미디어가 교사교육 개혁에 대해서 언급하지 않은 것은 아니다. 그러나 그 보도의 대부분은 교직대학원에 관한 것이었다. 그것이 무의미했다고는 생각하지 않지만, 교직대학원의 총수는 25개이며, 학생정원 총수는 약 800명이다. 한편 교사교육을 담당하고 있는 대학은 600개, 대학원은 432개(2002년 조사), 매년 약 20만 명의 대학생과 대학원생이 교사면허증(교사자격증)을 취득하고 있다. 그러한 실태를 무시하고 1%도 되지 않는 교사교육 개혁만 보도하는 것은 교사교육 실태로부터 유리되어 일반인들에게 잘못된 인식을 갖게 할 것이다.

실태에 입각하여 볼 때 일본 교사 위기의 본질은 교사교육(연수)의 고도화와 전문직화가 뒤떨어지고 있다는 데 있다.

PISA 조사와 TIMSS 조사에서 교사에 관한 일련의 조사결과를 보면, 대부분의 조사 항목에서 일본 교사의 실태는 세계 최저 수준에 있다. 특히 교사교육(연수를 포함)의 고도화와 전문직화의 지연은 심각하다. 일본 교사의 헌신성은 세계 제일이라 할 만하지만, 교육 수준은 최저이다. 전문가로서의 자율성도 최저 수준이며, 수업 스타일도 학생들에 의한 수업 평가도 마찬가지이다(1장 참조).

더구나 일본 교사는 교과 지식이나 아이들의 배움의 질을 고도화하는 연수 기회에서도, 교육학의 최신 지식을 배울 기회에서도, 동료의 수업을 관찰하고 연수할 기회에서도, OECD 가맹 34개국 가운데 결코 높은 편이 아니다.

이 책의 목표

이 책이 제시하는 것은 학교 현장에서 교사들이 실제로 체험하고 있는 위기와 요구되고 있는 개혁이며, 지금 당장 실현해야 할 정책과 실천에 대한 제안이다.

지금까지 일본교육의 우수성은 교사의 높은 교양과 전문가로서의 능력, 활발한 교내연수 및 아이들과 보호자와 지역사회의 신뢰로 유지되어 왔다. 그러나 그러한 기반이 서서히 붕괴하고 있다. 그럼에도 불구하고 문부과학성도 교육위원회도 교원을 양성하는 대학도 이 위기를 타개할 적극적인 개혁안을 제시해오지 못했다. 왜 그럴까? 교사정책과 교사교육 개혁은 왜 교육계 내부에 갇혀 드러나지 않는 걸까? 교사정책과 교사교육 개혁을 많은 사람의 지원으로 달성할 길을 여는 것은 어떻게 하면 가능할까?

과거 30년간 교사교육 개혁은 어느 나라에서나 국가정책의 중심이었다. 세계화와 지식 기반 사회의 도래에 따른 국제경제 경쟁의 격화를 배경으로 '질 높은 교육'이 요구되고 '교사의 질 향상이 가장 유효한 미래투자'(OECD)로 인식되어 왔다. 교사교육에 실패한 나라에 미래는 없다. 국가와 사회의 존망을 결정하는 가장 중요한 과제로서 교사교육 개혁이 수행되어 온 것이다.

그러나 일본에서 그 인식은 정계에서도 재계에서도 교육계에서도 결핍되어 있다. 겨우 2012년 8월 중앙교육심의회는 '교직 생활 전체를 통한 교원 자질 능력의 총합적인 향상 정책에 대해서(답신)'를 총회에서 결정하고 석사 수준의 교사교육을 표준화하는 개혁을 제시하고 '기초면허장'(학부 졸업 수준), '일반면허장'(석사 수준), '전문면허장'(상급 수준)의 3단계에 의한 교사교육으로의 이행을 정책화했다. 다른 선진 여러 나라와 비교하면 약 20년 늦게 취한 제안이며 내용적으로도 불충분한 결정이지만, 적어도 세계 평균 기준(글로벌 스탠더드)을 향해 한 발 내디뎠다는 것은 평가할만하다. 그러나 문제는 '개혁을 어떻게 내실 있게 할 것인가'이다. 약 20년이 늦었으니 이론적, 정책적, 실천적으로 검토해야 할 과제가 산더미이다.

이 책에서는 교사가 전문가로서 성장하는 순서(길)를 서술하고, 21세기에 대응한 교사정책과 교사교육 개혁의 그랜드 디자인을 제시하고자 한다. 지금부터라도 늦지는 않다. 교직과 교사교육의 미래를 밝힐 개혁의 첫걸음을 내디딜 필요가 있다. 그 나침반으로 이 책이 활용되기를 기대한다.

이 책의 목표는 다음과 같다.

① 교사들에게 교직의 성격, 교직의 전문성, 교직의 사명과 책임에 대한 이해를 촉구하고 스스로 전문성을 높여갈 길을 제시한다.
② 시민, 학생, 행정 관계자에게 교직 전문성과 교사의 일에 대한 이해를 형성하고 교사의 배움을 지원하며 교사교육 개혁에 대한 함의를 형성한다.
③ 정치가·교육행정 관계자(문부과학성과 지방교육위원회), 교사교육장(대학), 교사, 시민에게 교사교육 개혁에 실효성 있는 현실적인 정책을 제시하고 개혁의 전망을 제시한다.
④ 교원양성계열 대학과 교육학부, 일반 대학 각각에 교사교육 개혁의 순서를 제시하고 교사교육자에게 개혁과 실천의 다양성을 존중하는 정책을 보여준다. 아울러 대학과 학교, 대학과 교육위원회, 교육위원회와 학교의 협동적인 연대를 형성한다.

교사교육 개혁은 검토해야 할 수많은 복잡하고 난해한 이론적, 정책적, 실천적인 문제를 포함하고 있다. 그리고 세계 각국의 교사교육을 살펴보아도 모두 순조롭게 진행되고 있는 것은 아니다. 그 성공과 실패의 모든 경험에서 배울 필요가 있다. 나아가 교사교육에 관해서는 방대한 양의 선행연구와 실태조사가 이루어져 왔다. 그러한 최신의 연구성과를 기초로 한 정책과 개혁이 제언될 필요가 있다.

개혁을 준비하고 추진하는 데 있어서 논의하고 해결해야 할 이론적인 문제가 많다. 예로 다음의 논제에 대해서 이 책은 논쟁적인 의논을 짚어가면서 해결의 계기를 독자에게 제공하고 싶다.

① 일본 교사교육정책은 '자질 향상'이라고 하는 명칭이 보여주는 것처럼 전통적인 '자질(trait) 접근'에 의해 논의되고 있다. 이는 유럽 여러 나라와 비교할 때 30년 이상 늦은 것이며, 현대사회에 어울리는 '지식(knowledge) 접근'으로 패러다임 전환에 의해 정책 결정을 행하지 않으면 안 된다.

② 일본 교사교육제도는 '면허장주의(credentialism)'와 '과정 인정(accreditation)'으로 질을 보증해 왔다. 이 시스템으로 질을 보증하기에는 한계가 있다. 고도화와 전문직화에서 교사교육의 창조성과 혁신성을 창출하기 위해서는 '면허장주의'에서 벗어나 '전문성 기준(professional standards)'에 의한 양성, 채용, 연수, 평

가로의 시스템을 근본에서부터 전환할 필요가 있다.

③ 교사교육 개혁은 어느 나라에서나 두 정책세력의 길항(拮抗) 관계 속에서 수행되고 있다. 하나는 시장경쟁과 책임에 의한 통제를 추진력으로 하는 '시장 접근(market-driven approach)'이며, 또 하나는 전문가의 창의와 자율성을 추진력으로 하는 '전문가 접근(professional approach)'이다. 이 두 개의 길항에 어떻게 대처하고 어떤 이론적, 정책적, 실천적인 해결을 찾을 것인가는 교사교육을 둘러싼 정치학의 중심과제이다.

④ 교사의 전문성 그 자체가 논쟁적인 주제이다. 어느 나의 교사교육 개혁에서도 교사의 전문가상은 '반성적 실천가(reflective practitioner)'에서 찾고 있으며, 그 전문성은 '전문적이고 실천적인 지식과 식견(professional knowledge and practical wisdom)'에서 찾아 왔다. 그러나 그 전문성의 내실은 무엇일까? 어떻게 하면 전문가로서의 '지식과 식견'은 교육되고 배워지는 것인가에 대해서는 최근의 논쟁적 문제이다.

이 책은 이러한 논제에 관해서도 개괄적이긴 하지만 이론적, 실천적인 정리를 시도하고 있다. 구체적으로 교직의 존엄과 사명과 전문성을 명확하게 하고 교사교육의 어려움과 가능성에 대해서 역사적, 사회적, 문화적인 제 요인을 분석하고 교사교육 개혁의 계기의 필요성과 그 중요성 및 현실적인 방법과 전략과 그것을 지지하는 이론에 대해서 제시하고자 한다. 서술에 있어서는 국내외의 선진적인 전문적인 지견을 제시함과 함께 교육전문가뿐만이 아니라 일반 시민, 학생도 이해할 수 있도록 가능한 간결하고 평이하게 서술하고자 유의하였다.

차례

프롤로그 _ 위기와 개혁 4

1장. 개혁의 긴급성-교직의 3가지 위기 17
교육 수준의 저하=뒤떨어진 고도화와 전문직화 **18** | 시대착오적인 수업 실태 **26** | 교사의 질과 교직 생활의 위기 **27** | 연수와 성장의 위기 **31**

2장. 개혁의 속박-혼미의 배경 35
교사교육의 제도적 구조 – 대학에서의 교원양성과 개방제 **35** | '면허장주의' 대 '전문성 기준' **38** | 행정과 현장이 안고 있는 어려움 **39** | 그랜드 디자인의 필요성 **41**

3장. 가르치는 전문가에서 배우는 전문가로- 21세기 교사상 47
전문가의 개념 **47** | 전문가의 요건 **49** | 교직의 고도로 지성적인 성격 **51** | 교직 전문성의 기초 **54** | 가르치는 전문가에서 배우는 전문가로 **57**

4장. 교사교육 개혁의 과제와 정책 59

개혁의 글로벌 스탠더드 59 | 교사교육 개혁의 정책과제 66

5장. 전문가 교육으로서의 교사교육 - 교직의 장인성과 전문성 69

듀이의 제언 69 | 장인성과 전문성 71 | 교사의 장인성 72 | 교사 전문성의 문제 영역 76

6장. 교사교육을 위한 교육과정 개혁 87

'기술적 숙달자'에서 '반성적 실천가'로 88 | 전문가상의 전환과 권한 구조의 변용 90 | 이론(연구)과 실천의 통합 93 | 교사의 실천적 지식 95 | 케이스 메소드에 의한 실천적 사고의 형성 98 | '면허장주의'에서 '교직 전문성 기준'으로 100 | 교사교육 교육과정의 구조 104 | 실천 경험 · 실천연구의 개선 107

7장. 수업연구의 개혁 - 케이스 메소드의 개발로 111

케이스 메소드로서의 수업연구 111 | 수업연구의 역사 114 | 수업연구 패러다임의 전환 119 | 수업연구의 신구 두 가지 양식 121 | 배움의 대화적 실천 125 | 서로 듣는 관계 127 | 협동적인 배움의 탐구 129 | '레슨 스터디'와 수업연구 132 | '사례'로서의 수업실천 135 | 배움의 디자인과 성찰 138

8장. 교사가 서로 배우고 성장하는 학교 - 동료성의 구축 141

교사가 배우고 성장하는 장의 구조 141 | '전문가의 배움의 공동체'로서의 학교 144 | 교내연수의 개혁 148 | 교장의 역할 155 | 학교와 교사의 자율성 162 | 학교의 자율성과 어카운터빌리티 정책 168 | 교육위원회의 현직연수 개혁 171

9장. 대학과 대학원 개혁 - 전문가 교육으로의 패러다임 전환 175

개혁과제의 전환 175 | 교사교육의 고도화 178 | 교사교육의 전문직화 183 | 교원양성계 대학과 학부의 장래상 187 | 일반 대학·대학원에서의 개혁 192 | 교직대학원의 혼란과 개혁 195 | 연구대학의 교육학부와 교원양성학부 199 | 다원적인 교원양성 기관의 공존시스템 200 | '지역교원양성기구(가칭)' 구상 202 | 대학과 학교의 파트너십 203 | 대학과 교육위원회의 협동 205 | 도입교육의 제언 – 시보제도의 구상 206

10장. 새로운 도전을 향한 제언 - 개혁과 정책의 그랜드 디자인 209

그랜드 디자인의 정책원리 209 | 전문성 기준의 구축 212 | 면허제도의 개혁 214 | '교직전문개발기구(가칭)'의 창설 217 | 커리어 스테이지의 구축 220 | 양성교육의 개혁 – 다원적 시스템의 효용 222 | 채용제도 개혁 – 정규 교원의 증가와 공정하고 엄격한 채용으로 226 | 현직교육 개혁 231 | 지위와 대우의 개선 233

에필로그 _ 교사, 대학관계자, 정책결정자, 시민에게 보내는 메시지 237
후기 244

개혁의 긴급성
- 교직의 3가지 위기 -

일본의 교사는 3가지 조건에서 세계 최고 수준의 우수성을 자랑해 왔다. 첫째는 높은 교육 수준이고, 둘째는 높은 급여와 높은 경쟁률이며, 세 번째는 교내연수를 기반으로 한 전문가 문화의 전통이다.

그러나 최근 20년간 이 3가지 조건 중에서 어느 것이라 할 것 없이 다 붕괴되고, 오늘날 일본의 교사는 교육 수준에서도, 경제적·사회적인 대우에 있어서도, 전문적 성장 기회에 있어서도 개발도상국 수준으로 전락하고 있다. 그 위기의 모습을 데이터로 제시해 보겠다.

교육 수준의 저하 = 뒤떨어진 고도화와 전문직화

  2차 대전 직후부터 1970년대까지 일본의 교사교육 수준은 세계에서 제일 높았다. 패전 이후 교육개혁의 골격을 준비한 교육쇄신위원회는 전쟁 전에는 중학(오늘날 고등학교) 이하 수준에 두고 있던 사범학교의 교육을 한순간에 대학 수준으로 격상시킬 것을 제언했다. 이 제언이 문부성에 의해 정책화된 1949년 당시 '대학에서의 교원양성'을 실현하고 있던 나라는 미국뿐이었으며 미국에서도 16개 주뿐이었다. 유럽 여러 나라의 교사교육은 '교육대학(단과대학 수준)' 혹은 고교 수준이며, 아시아 여러 나라를 포함 대부분의 나라는 사범학교 수준에 머물러 있었다. 일본 경제가 가장 피폐했던 2차 대전 직후에 세계 최고 수준의 교사교육으로 이행하고, 우수한 교사들을 전국 방방곡곡의 학교에 배치한 것은 그야말로 현명한 판단이었다. 이로 인해 전쟁 이후 일본은 평화적이고 민주적인 국가로 재생되고 '기적'이라 불릴 경제와 문화 부흥과 발전을 실현했다고 할 수 있다.

  그러나 교사교육 수준의 국제적 지위는 1980년대에 전락한다. 1970년대에 유럽 대부분의 나라와 아시아 여러 나라가 '대학에서의 교원양성'을 실현하고, 1980년대에 이르러 세계 각국에서 대학원 수준으로 교사교육의 업그레이드가 빠르게 진행되었다.

  국제교육도달도평가학회(IEA)가 2011년에 실시한 수학·과학 교육동향조사(TIMSS 2011)의 교사에 관한 데이터로 일본 교사교육의 국제 수준에 대해서 검토해 보겠다.

이 국제조사의 대상국은 67개국·지역이었지만, 초등학교 4학년 수학 조사에서 조사 대상 22%의 아이들이 석사 이상의 학위를 가진 교사의 수업을 받고 있었으며, 중학교 2학년생은 24%의 학생이 석사 이상의 학위를 가진 교사의 수학 수업을 받고 있다. 그 외의 아이들은 초등학교 4학년 아이들 57%가 학사학위의 교사, 15%가 보통 3년간의 교육대학 출신 교사의 수업을 받고, 중학교 2학년 학생은 63%가 학사 출신 교사, 11%가 교육대학 출신 교사의 수업을 받고 있다. 즉, 67개 조사 대상국에서 초등학교 4학년 담임교사의 22%, 중학교 2학년 수학 교사의 24%가 석사 이상의 학위 취득자이다. 과학 조사에서도 같은 모양의 결과이며 초등학교 4학년 아이들의 24%, 중학교 2학년 학생의 27%가 석사 이상의 학위가 있는 교사의 수업을 받고 있다.

일본 교사의 석사학위 취득자(전수면허장 취득자) 비율은 유치원 교사 0.5%, 초등학교 교사 3.1%, 중학교 교사 5.8%, 고교 교사 12.8%(사립고교 교사는 17.5%)이다(문부과학성 '2010년도 학교교원통계조사 보고서'). 신규 채용 교사의 전수면허장 취득자는 최근 점점 늘어나는 경향(초등학교 6.4%, 중학교 12.1%, 고교 22.5%, 문부과학성, '2011년도 학교교원통계조사 보고서')이라고는 하지만, 각국의 신규 채용 교사의 거의 반이 석사학위를 취득하고 있거나 대학원 수준의 교사교육을 경험한 현실의 상황에 비추어보면 교사의 교육 수준의 국제적 지위 격차는 확대되고 있다. 뒤떨어진 고도화는 방치할 수 없는 상황에 와 있다.

TIMSS 2011년 조사결과로부터 각국의 교사의 교육 수준을 표로 제시해 두었다.

〈표 1〉, 〈표 2〉에 대해서 약간의 보충 설명을 하겠다. 국제 평균에서 석사 이상의 학위 취득률이 22%(초등학교 4학년 교사), 24%(중학교 2학년 수학 교사)라고 말했지만, 조사 대상 67개국·지역의 약 반수는 아프리카나 중동 여러 나라 등 개발도상국이다. 미국은 주마다 다르지만, 석사학위가 표준(교장의 경우는 교육학박사 학위가 표준)이며, 보통 학부 졸업으로 교직에 취임한 후 5~7년 만에 종신고용(테뉴어) 계약을 맺을 때 석사학위를 요구받는다. 독일과 스페인 등에서는 석사학위는 부여하지 않고 있지만, 교사교육은 의사교육과 마찬가지로 6년 또는 7년에 걸쳐 이루어져 실질적으로는 대학원 석사 수준(혹은 그 이상)에서 실시되고 있다. 그러나 이탈리아는 예외적으로 지금도 초등학교 교사의 교육 수준은 학사 이하(중학교 교사는 학사 수준)로 국제적으로 최저 수준이다.

동아시아 여러 나라에서도 한국, 타이완에서는 30대 이하의 교사는 거의 모두 석사학위 취득자가 많다. 동아시아에서 교사교육의 고도화가 가장 늦은 곳은 중국이다. 하지만 중국에서도 최근에는 도시부의 신규 교사의 대부분이 석사학위 취득자이며, 2014년

〈표 1〉 초등학교 4학년(수학)교사의 교육 수준별 아동 비율(국제 비교)

국가	교사의 교육 수준별 아동 비율			
	석사 이상	학사	교육대학	고교 수준
슬로바키아	99(0.4)	0(0.2)	0(0.3)	0(0.0)
폴란드	96(1.4)	3(1.2)	1(0.7)	0(0.0)
체코	93(2.2)	1(0.5)	4(1.7)	3(1.4)
핀란드	81(2.7)	17(2.5)	0(0.0)	2(0.9)
아르메니아	79(3.3)	3(1.3)	18(2.9)	1(0.8)
러시아	79(2.6)	0(0.0)	21(2.6)	0(0.0)
그루지아	74(3.3)	22(3.1)	4(1.4)	0(0.0)
호주	65(3.2)	29(3.1)	5(1.7)	1(0.8)
미국	63(2.4)	37(2.4)	0(0.0)	0(0.0)
영국	36(4.0)	61(4.0)	2(0.9)	0(0.0)
북아일랜드	28(4.1)	69(4.3)	3(1.5)	0(0.0)
타이완	26(3.7)	72(3.7)	2(1.1)	0(0.0)
카타르	25(3.7)	70(2.5)	5(1.2)	0(0.0)
홍콩	21(3.9)	72(4.2)	7(2.3)	0(0.0)
한국	21(3.2)	72(3.8)	7(1.9)	0(0.0)
바레인	19(3.2)	80(3.3)	1(0.7)	0(0.0)
뉴질랜드	19(2.5)	64(2.7)	16(2.2)	0(0.0)
UAE	19(2.1)	72(2.3)	9(1.2)	0(0.1)
아일랜드	18(2.6)	79(2.8)	3(1.0)	0(0.0)
리투아니아	15(2.4)	76(2.7)	8(1.8)	0(0.0)
태국	11(2.9)	86(3.0)	1(0.7)	1(1.0)
몰타	10(0.1)	70(0.1)	12(0.1)	8(0.1)
칠레	9(2.5)	81(3.6)	10(2.6)	0(0.0)
싱가포르	9(1.5)	62(2.7)	28(2.5)	1(0.5)
오만	9(1.1)	75(2.3)	15(2.2)	1(0.4)
아제르바이잔	8(1.9)	55(3.8)	35(3.6)	2(0.8)
루마니아	7(2.1)	30(3.5)	29(4.0)	34(3.5)
쿠웨이트	6(1.9)	93(2.1)	1(0.8)	0(0.0)
이탈리아	6(1.6)	16(2.4)	1(0.3)	77(2.9)
일본	5(1.7)	82(2.8)	9(2.2)	0(0.0)
오스트리아	5(1.6)	2(0.9)	92(1.9)	0(0.3)
터키	4(1.2)	81(2.5)	15(2.3)	0(0.0)
덴마크	3(1.2)	80(3.0)	17(2.9)	1(0.8)
독일	3(1.1)	80(2.2)	10(1.8)	7(1.7)
포르투갈	3(0.9)	91(1.7)	6(1.6)	0(0.0)
헝가리	3(0.8)	97(1.2)	1(0.0)	0(0.0)
노르웨이	2(1.0)	93(2.0)	5(1.7)	0(0.0)
사우디아라비아	2(0.9)	68(3.5)	30(3.5)	0(0.0)
세르비아	2(0.4)	62(3.5)	33(3.5)	3(1.2)
이란	1(0.8)	37(3.4)	49(3.4)	13(2.2)
카자흐스탄	1(0.7)	74(3.7)	20(3.1)	5(1.9)
모로코	1(0.7)	33(3.7)	0(0.0)	67(3.8)
네덜란드	1(0.7)	98(1.1)	0(0.0)	1(0.9)
스페인	1(0.7)	99(0.7)	0(0.0)	0(0.0)
크로아티아	1(0.6)	30(3.3)	69(3.2)	1(0.4)
슬로베니아	1(0.5)	58(3.9)	42(3.9)	0(0.0)
벨기에	0(0.0)	99(0.6)	0(0.0)	1(0.6)
튀니지	0(0.0)	13(3.0)	43(4.3)	43(4.5)
예멘	0(0.0)	34(4.5)	31(4.3)	35(4.2)
스웨덴	—	—	—	—
국제 평균	22(0.3)	57(0.4)	15(0.3)	6(0.2)

주: 석사학위 이상의 수가 많은 순이며, ( )은 표준 오차
출처: TIMSS 2011(IEA)로부터 작성

<표 2> 중학교 2학년 수학 교사의 교육 수준별 학생 비율(국제 비교)

국가	교사의 교육 수준별 학생 비율			
	석사 이상	학사	교육대학	고교 수준
러시아	99(0.6)	0(0.0)	1(0.6)	0(0.0)
아르메니아	97(1.2)	3(1.2)	0(0.0)	0(0.0)
그루지아	85(3.1)	14(3.0)	1(0.6)	0(0.0)
핀란드	78(3.1)	19(2.7)	0(0.1)	4(1.7)
호주	64(3.6)	36(3.6)	0(0.2)	0(0.0)
미국	62(2.6)	38(2.7)	0(0.0)	0(0.0)
영국	38(4.6)	57(4.8)	5(1.6)	0(0.0)
타이완	38(3.9)	62(3.9)	0(0.0)	0(0.0)
한국	37(3.0)	63(3.0)	0(0.0)	0(0.0)
뉴질랜드	35(3.2)	55(3.5)	10(2.0)	0(0.0)
이스라엘	34(2.4)	62(2.5)	3(0.9)	0(0.0)
홍콩	33(4.4)	62(4.3)	5(1.7)	0(0.0)
리투아니아	31(3.1)	62(3.2)	7(1.9)	0(0.0)
카타르	29(4.3)	68(4.4)	2(0.6)	0(0.0)
UAE	26(1.9)	70(2.0)	4(0.8)	0(0.0)
이탈리아	25(3.1)	74(3.1)	0(0.5)	0(0.0)
바레인	23(2.9)	74(3.0)	2(0.6)	2(1.0)
루마니아	20(3.1)	53(3.7)	26(2.8)	0(0.3)
헝가리	20(2.3)	80(2.2)	1(0.6)	0(0.0)
태국	16(2.9)	79(3.2)	1(1.0)	3(1.4)
시리아	13(3.1)	45(4.6)	41(4.0)	1(0.8)
요르단	12(2.7)	75(3.5)	12(2.5)	1(0.9)
싱가포르	10(1.8)	87(1.9)	2(0.8)	0(0.0)
일본	9(2.3)	91(2.4)	1(0.7)	0(0.0)
터키	8(1.9)	80(2.5)	12(2.1)	0(0.0)
칠레	6(1.8)	86(2.8)	7(2.1)	0(0.0)
인도네시아	6(1.6)	87(3.1)	6(2.1)	2(1.6)
오만	5(0.4)	95(0.5)	0(0.1)	0(0.3)
말레이시아	4(1.5)	86(2.7)	8(2.2)	2(1.0)
팔레스타인 자치정부	4(1.5)	85(3.0)	11(2.6)	0(0.0)
레바논	4(1.4)	72(3.7)	18(3.4)	7(2.2)
우크라이나	2(1.1)	98(1.2)	0(0.0)	0(0.0)
이란	2(1.0)	60(3.5)	36(3.4)	2(0.8)
노르웨이	1(1.0)	98(1.5)	1(1.1)	0(0.0)
사우디아라비아	1(1.0)	95(1.9)	4(1.6)	0(0.0)
마케도니아	1(0.6)	33(4.0)	65(3.9)	2(1.2)
모로코	1(0.6)	19(2.3)	0(0.0)	80(2.3)
카자흐스탄	1(0.5)	98(1.1)	1(0.0)	0(0.0)
슬로베니아	1(0.5)	53(2.6)	45(2.7)	1(0.3)
가나	1(0.0)	19(3.1)	67(3.9)	12(2.4)
튀니지	1(0.0)	73(3.5)	25(3.3)	1(0.0)
스웨덴	—	—	—	—
국제 평균	24(0.4)	63(0.5)	11(0.3)	3(0.1)

주: 석사학위 이상의 수가 많은 순이며, ( )은 표준 오차
출처: TIMSS 2011(IEA)로부터 작성

에 신규로 채용된 전체 교사 71만 명 가운데 25만 명이 석사학위를 취득하고 있다. 일본 교사교육의 수준은 아시아 여러 나라에서나 세계적으로 보아도 최저 수준이다.

교사교육의 '고도화'와 '전문직화'가 늦은 것은 아이들(학생)에 의한 수업 평가와 직결되어 있다.

TIMSS 2011 교사 조사의 결과는 아이들(학생)의 수업에 대한 확신(이해에 있어서의 확신과 배움에 대한 확신)에서 대상국 67개국 중 최하위 수준이라는 것을 단적으로 보여주고 있다(표 3, 표 4).

일본의 초등학교 4학년 수학 수업 평가에 관한 다른 조사 항목

〈표 3〉 수학 수업에 대한 확신(학생에 의한 평점: 주요 11개국의 결과)

국가	아주 확신이 있다	거의 확신이 없다
러시아	97	3
폴란드	90	10
UAE	89	11
미국	84	16
스페인	84	16
호주	76	24
영국	73	27
싱가폴	71	29
스웨덴	71	29
핀란드	62	38
일본	21	79

주: 수치는 %
출처: TIMSS 2011(IEA)로부터 작성

〈표 4〉 과학 수업에 대한 확신(학생에 의한 평점: 주요 11개국의 결과)

국가	아주 확신이 있다	거의 확신이 없다
러시아	98	2
인도네시아	91	9
영국	84	16
이스라엘	84	16
미국	84	16
호주	77	23
헝가리	74	26
스웨덴	63	37
타이완	62	38
한국	40	60
일본	33	67

주: 수치는 %
출처: TIMSS 2011(IEA)로부터 작성

의 결과는 '학생의 질문에 대한 교사의 회답'에서는 50%(세계 평균 84%), '학생의 다양한 문제해결 방략의 제시'에서는 31%(세계 평균 75%), '유능한 학생에 대한 도전적 과제의 제공'에서는 14%(세계 평균 59%), '학생의 흥미를 촉발하는 수업'에서는 19%(세계 평균 65%), '수학의 가치에 관한 이해의 지원'에서는 22%(세계 평균 69%)밖에 긍정적으로 평가하고 있지 않다. 수업에서의 배움의 질에 관해서는 낮은 평가를 보여주고 있다고 할 수 있다.

세계 각국에서 교사교육의 고도화와 전문직화가 급속하게 진행되는 배경에는 3가지 이유가 있다. 첫째는 사회구조의 급격한 변화에 대한 대응이다. 21세기 사회는 지식이 고도화하고 복합화되며 유동화하는 지식 기반 사회이다. 즉, 21세기 사회는 포스트 산업주의 시대이기도 하다. 산업주의 사회에서는 사물의 대량생산과 대량소비가 시장경제의 중심을 이루고 있었던 것에 비해 포스트 산업주의 사회에서는 정보와 지식과 대인 서비스(의료, 복지, 교육)가 시장경제의 중심이다. 이 급격한 변화는 지금보다도 고도한 교육내용과 교직 전문지식을 교사에게 요청하고 있다.

둘째로, 지방분권화와 규제 완화에 따른 학교행정의 전환이다. 국민국가 시대의 교사는 국가가 정한 교육내용을 소정의 방법으로 가르칠 것을 요청받았으며, 교사 개개인의 자율성과 책임은 최소한으로 억제되어 있었다. 그러나 지방분권화와 규제 완화에 따라 국가의 역할과 통제는 약화되고 학교의 독립성과 자율성은 강화되어 전문가로서의 교사 자율성이 증대하고 있다.

셋째로, 아이들을 키우는 환경의 변화이다. 지역공동체와 핵가족의 붕괴는 아이들이 자라는 문화적, 경제적, 정신적 환경을 나쁘게 만들고 있으며, 어느 나라에서나 아이들을 돌보고 교육하는 학교의 역할은 확대되고 학교와 지역사회의 연대가 모색되어 왔다. 현대의 교사는 예전의 교사와는 비교도 할 수 없을 만큼 복잡한 사회와 마주하며 직무를 수행하고 있으며, 많은 영역에 걸쳐 보다 고도화되고 복합적인 전문적 지식을 요구받고 있다.

시대착오적인 수업 실태

　21세기형 학교 교육의 특징은 배움에서 '질과 평등의 동시 추구', 프로그램형('목표·달성·평가'의 단원에 의한 지식·기능의 습득) 교육과정에서 프로젝트형('주제·탐구·표현'의 단원에 의한 지식·기능의 활용 =사고·탐구 중심) 교육과정으로의 이행, 일제식 수업에서 협동적인 배움을 중심으로 한 수업으로의 전환, '가르치는 전문가'에서 '배우는 전문가'로서의 교사 역할의 전환 및 교사 전문가 공동체로서의 학교 개념의 형성에서 볼 수 있다. 전통적인 학교 교육의 양식은 19세기 후반에 형성되어 20세기 초에 확립되었지만, 그 양식이 최근 몇십 년 사이에 극적으로 변화하고 있다. 이미 대부분의 선진국에서는 칠판, 교단, 교탁이 있고 책상이 나란히 줄지어 있는 교실은 박물관에 들어가 있다고 해도 과언이 아니다.

　일본 학교 교육에서 가장 뒤처지고 있는 하나는 수업 형태와 배움의 스타일에 있다. PISA 조사 보고에서 다음의 〈표 5-1〉과 〈표 5-2〉에서 볼 수 있는 바와 같이 일본의 수학 수업은 다른 나라와 비교해서 볼 때 '사고를 다듬는=탐구(elaboration)' 기회와 그 가치 부여가 극단적으로 낮고, 일제식 수업과 개인학습이 중심으로 그룹 학습의 보급은 한국과 나란히 65개국 가운데 가장 낮다.

　PISA 조사에서의 수업과 배움의 방법에 관한 조사결과에는 그 외에도 흥미로운 사항이 많다. 수업과 배움의 방법에 관해서 일본은 집단주의고 유럽과 미국은 개인주의라는 전형적인 스타일로 이야기하는 경우가 많지만, 오히려 반대로 일본 교실의 배움은 개인학습이 지배적이고 미국과 유럽은 소집단 학습이 중심이다. 나아가 일본과 한국의 배움은 '암기 중심'이고 미국의 배움은 '사고·탐구' 중심이라는 고정관념을 가지고 이야기하지만, 현실적으로는 일본과 한국 교사가 찾고 있는 수업 특징은 '사고·탐구' 중심이며 미국의 배움은 개발도상국과 공통적으로 '암기 중심' 방법이 지배적이다. 일본과 한국의 교사는 관념적으로는 '사고·탐구'를 중심으로 하는 수업을 바라고 원하면서도 현실적으로는 '사고·탐구'를 개인학습을 중심으로 추진하고 있는 것이다. 그러나 '사고·탐구'로서의 배움은 개인적으로는 지극히 한계가 있고 협동적인 배움에서 최고의 효과를 발휘한다. 이것은 일본과 한국의 교사 수업이 안고 있는 아이러니한 패러독스이다.

교사의 질과 교직 생활의 위기

교사의 질과 교직 생활의 위기도 방치할 수 없는 상황에 있다. 일본 교사의 높은 질을 유지해 준 조건은 교사 채용에서의 높은 경쟁률과 상대적으로 높은 급여였다. 그러나 최근 이 두 가지 조건 모두 사라지고 있다. 교원채용시험의 경쟁률은 2000년 12.6 대 1

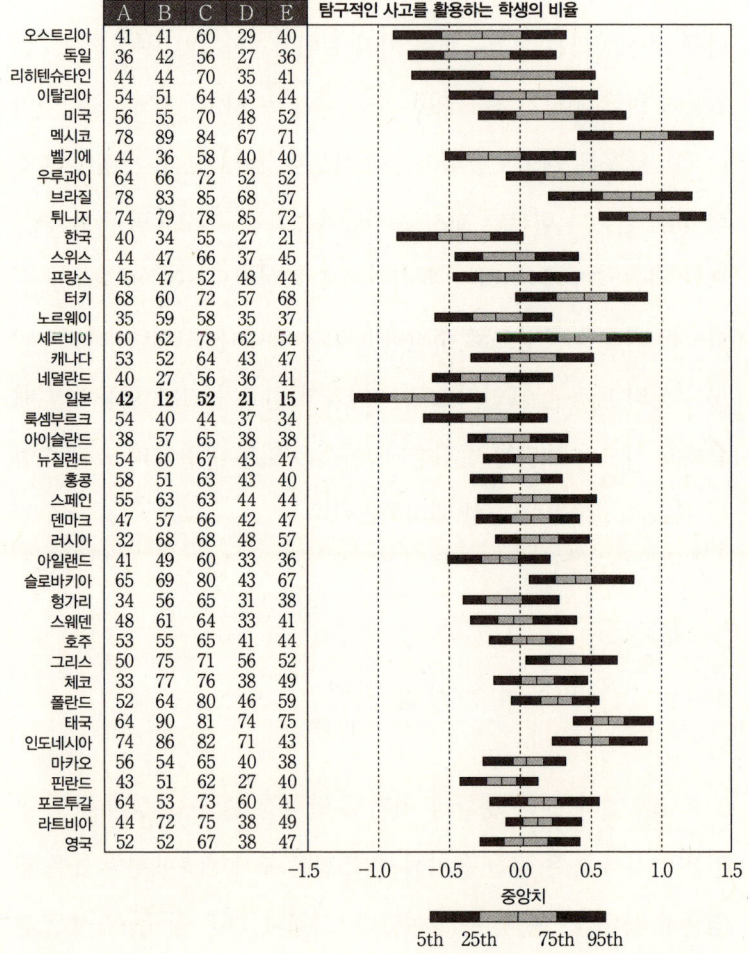

〈표 5-1〉 수학에서 탐구적인 사고의 활용

〈표 5-2〉 수학에서 협동적인 배움에 대한 학생의 호감도

A 수학에서 다른 학생과 함께 배우고 있다.
B 모둠 친구의 생각을 결합하는 것은 훌륭한 생각이었다.
C 다른 학생과 협동할 때 수학에서 최고의 배움이 된다.
D 모둠에서 다른 친구를 도와주는 것이 즐겁다.
E 모둠 내에서 다른 학생과 배울 때 가장 잘 배울 수 있다.

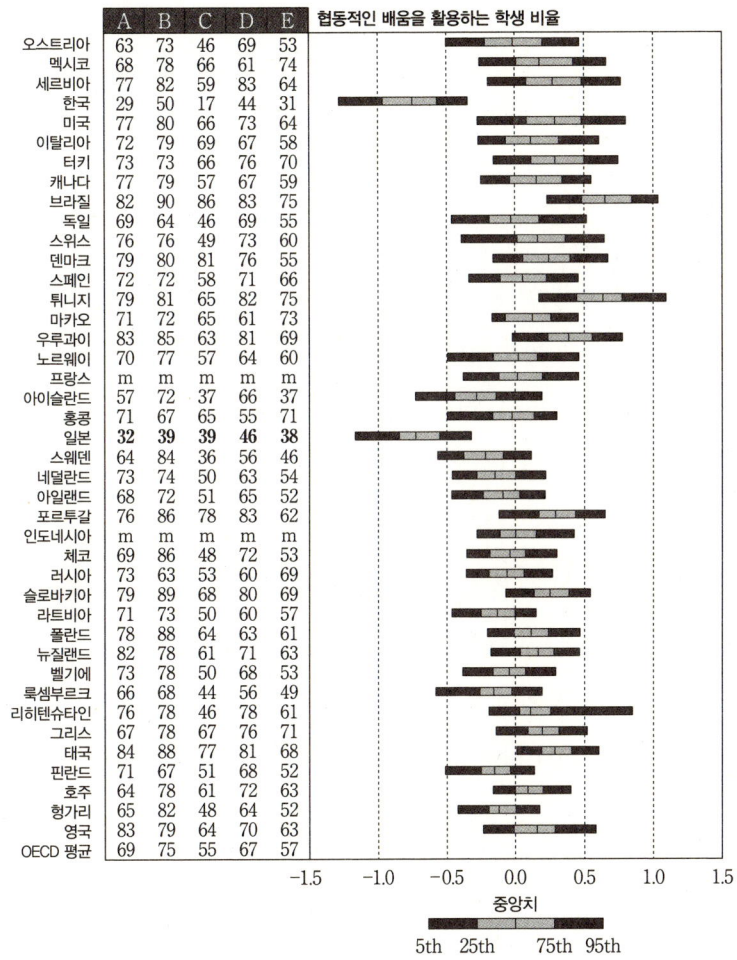

출처: PISA 2010(OECD)로부터 작성
주: 프랑스와 인도네시아의 'm'은 데이터 없음

로 절정을 이루었다가 2001년 이후 점점 낮아지고 있다. 2013년 자료에 의하면 초등학교에서 4.3 대 1, 중학교에서 7.5 대 1, 고교에서 7.7 대 1이다. 경쟁률의 저하는 현재 도쿄도와 오사카부 등 대도시를 중심으로 일어나고 있으며 앞으로 지방으로 점차 확대될 것이다. 그리고 신규 채용 교사 가운데 대학·대학원을 졸업하고 바로 채용되는 사람은 30% 정도이며, 70% 가까이는 비상근 강사를 경험한 후에 채용된다.

한편, 교사 급여도 상대적으로 낮아지는 경향이다. 문부과학성의 산정에 의하면, 본봉과 여러 수당을 합친 급여를 비교하면 교원 급여는 일반 행정 직원과 비교하여 2% 우위에 있으며, 40세 이후는 일반 행정 직원 쪽이 급여가 더 높다. 오래전 1974년의 인재확보법에 따라 교사의 급여는 일반 행정직보다도 20% 가까이 '우대조치'가 취해져 왔지만, 그 후 지방재정 핍박으로 인한 급여 삭감에 의해 교사의 급여 메리트는 사라지고 있다. 거기에 더해 일이 많아지고 바빠짐에 따라 2014년에 공표된 TALIS 조사(OECD 국제교원지도환경조사)가 밝힌 바와 같이 일본 교사의 노동 시간은 주당 53시간을 넘고 조사 대상국 가운데 최악의 상황에 있다. 게다가 인재확보법 이후 초과근무수당은 지급되지 않고 있다. 이 무보수의 장시간 노동을 고려한다면 교사의 경제적 대우는 위기 상황에 있다.

국제조사 결과에 의하면 거의 대부분의 나라에서 교사교육의 고도화와 전문직화가 동반되고 교사의 급여는 증액되고 있다. 과거

10년 동안 교사의 급여를 깎은 나라는 일본, 프랑스, 스위스의 3개 국뿐이며, 프랑스와 스위스의 급여 감소는 2% 정도인 것에 비해 일본의 교사 급여는 9% 감소하고 있다. 2013년만 보더라도 부흥 지원비로 공무원은 8% 정도의 급여 삭감이 일어났으니 교사 급여의 과거 10간의 감소율은 16%에 달하고 있다. 이 상태로라면 교직에 우수한 인재를 확보하는 것은 불가능하다.

연수와 성장의 위기

일본 교사의 전문가로서의 성장은 실질적으로는 대학보다는 오히려 학교 현장에서 담당해 왔다. 일본에서는 근대학교의 발족 이후 교내에서 수업을 관찰하고 협동으로 수업연구를 하는 전문가 문화의 전통이 자리 잡아 왔다. 이 비공식적인 전문가 문화는 교사들의 자주적인 연수운동을 만들어내고, 그 자주적 연구를 기반으로 한 수많은 교육 잡지와 실천기록이 출판되고 있다. 교사의 비공식적인 전문가 문화는 일본이 자랑할 만한 전통이며, 최근까지 여러 외국에서는 성숙되어 있지 않은 문화이다. 그러나 이 전문가 문화, 교내연수의 문화가 최근 30년 사이에 쇠퇴해 유명무실화되어 가고 교사를 현장에서 전문가로 키우는 기능을 약화시키고 있다.

또 한편에서 일본의 '수업연구'라는 교내연수 양식은 '레슨 스터디'로서 세계 각국에 보급되어 있으며, 국제적으로 보아 일본의 학교에서 교사를 전문가로서 키우는 기능은 우위라고는 말할 수 없는 상황을 맞이하고 있다. 일본 학교에서 수업연구의 빈도는 초등학교에서는 비교적 우위를 유지하고 있지만, 중학교에서는 세계 평균 수준, 고교에서는 최하위이다. 교내연수의 쇠퇴를 대신하여 지방교육위원회와 현직교육센터가 실시하는 연수프로그램의 빈도는 증가하고 있다. 그 내용이 문제이다. 〈표 6〉은 TIMSS 2011에서 세계 각국의 중학교 과학 교사에 대한 연수 실태에 관한 조사결과이다.

〈표 6〉 중학교 과학 교사에 대한 연수내용(수치는 %)

국가	과학의 내용	과학 교육	과학 교육과정	ICT 활용	비판적 사고와 탐구 기능	과학 교육의 평가
일본	78	73	50	34	20	33
미국	75	67	73	70	70	57
영국	57	75	66	36	39	55
싱가포르	71	88	67	70	74	65
호주	53	48	61	64	53	40
한국	65	69	59	30	45	44
국제 평균 (67개국·지역)	55	58	53	49	41	48

출처: TIMSS 2011(IEA)로부터 작성

이 표에서 보는 바와 같이 일본의 교사 연수는 '과학의 내용'과 '과학교육' 연수의 기회에서 세계 평균 이상이며 '비판적 사고와 탐구 기능'과 'ICT 활용'에서는 세계 최저 수준이다. 전통적인 일제식 수업이 상정된 연수인 것이다.

 예전에 교내연수에 의한 교직 전문성 개발에서 세계 첨단을 달리던 일본의 교사 연수는 급격하게 쇠퇴하고 있다 할 수 있다. 더욱이 이러한 조사는 초·중학교 교사를 대상으로 하고 있지만, 고교 교사를 대상으로 조사한다면 초등학교나 중학교와는 달리 연구수업에 의한 교내연수의 전통이 없고 대학과의 협동 관계도 갖지 못하는 일본 교사 연수형태는 세계에서 최하위가 될 것이다.

개혁의 속박
- 혼미의 배경 -

교사교육의 제도적 구조 – 대학에서의 교원양성과 개방제

2차 대전 이후 세계 제일의 교육 수준에서 출발한 일본의 교사교육은 왜 고도화에서나 전문직화에서나 개혁을 이루어내지 못하고 개발도상국 수준의 교육 수준으로 전락한 것일까? 그 원인은 2차 대전 이후 교사교육 개혁의 구조적인 문제에 있다.

2차 대전 이후 교사교육제도를 준비한 것은 아베 요시시게(安部能成) 학습원 원장(전 문부대신)을 위원장, 1947년 이후는 난바라 시게루(南原繁) 도쿄대학교 총장을 위원장으로 한 교육쇄신위원회(1946년 설치)였다. 교육쇄신위원회는 군국주의 교육에 가담한 사범학교 교육을 부정하고 리버럴 아츠(liberal arts)에 의한 교사교육을 표방하고 '대학에서의 교원양성'과 일반 대학에서도 교원면허를 취득할 수 있는 '개방제'라는 두 가지 원칙에 의한 개혁을 제창했다. 이렇게 고등학교 수준 이하였던 사범학교는 2단을 뛰어 격상되어 '학예학부', '학예대학'('학예'는 리버럴 아츠의 의미)이 되고 일반 대학은 '교직과정'을 두어 교원양성을 하게 된 것이다.

이 개혁은 급진적이었다. 그러나 몇 가지 어려움을 동반하고 있었다. '대학에서의 교원양성'이라는 2단 점프의 격상은 사범학교 교원의 거의 전원이 교수자격심사에서 불합격되었다는 사태가 상징하듯이 대학교육으로서의 질을 보장할 수 없었다. 또 한편에서 리버럴 아츠에 의한 교사교육은 사범학교 직업교육의 전통을 부정하고 전문가 교육을 경시하는 결과를 이끌었다. 1965년에 문부성은 교양교육을 내건 '학예학부', '학예대학'을 교원양성 목적을 명확히 하는 '교육학부', '교육대학'으로 개칭하여 재편하는 시책을 강구하게 된다.

그럼에도 불구하고 개혁의 이념과 현실은 역행했다. 사범학교의 대학으로의 승격은 실제로는 교원의 지위 배분도 교육과정 편성도 사범학교를 그대로 계승하여 실시되었다. 놀라운 일은 교육학부의 교원 지위와 교육과정 편성은 사범학교 때부터 현재까지 거의 변하지 않고 있다. 그것이 오늘날에 이르기까지 교원양성계 대학·학부의 경직성을 만들어내고 있다. 교원양성계 대학·학부는 어디까지나 '전문학부' 지향의 교수, '교양교육' 지향의 교수, '교사교육' 지향의 교수라는 3개의 세력으로 분열되어 서로 대립해 왔다. 이 삼색의 대립에 의해 교원양성계열 대학·학부는 교착상태를 계속해 온 것이다. 삼색 대립의 희생이 된 것은 학생이었다. 교원양성계열 대학·학부는 대학에 어울리는 학문 수준을 채우지 못하고 교육 또한 전문가 교육 수준도 충족하지 못하는 어중간한 '대학'으로 고착했다. 학생들의 불만은 정직했다. 학교 교육과는 관계도 없는 논의가 많고 그로 인해 대학다운 교육은 불충분하고 나아가 교사교육으로서의 질도 내용도 허술한 것이다.

일반 대학교 '과정 인정'에 의한 '개방제' 교육에서는 그 이상으로 심각한 사태가 계속되어 왔다. 교육쇄신위원회는 교육학과를 부설한 학부에 '과정 인정'을 하도록 제언했지만, 실제로는 교육학과를 설치하지 않은 거의 대부분의 학부에서 '과정 인정'을 통한 교원양성이 이루어진 것이다. 그 결과 교원양성 과정은 정규 전문교육 틀 밖의 옵션으로 자리 잡게 되고 대강의실 수업, 시간강사 의존이라는 열악한 조건으로 보급되었다. 정규 교육과정 외에 선택과정으로 양성하고 있는 전문직은 교사 이외에는 없으며, 선택과정으로 교사교육을 실시하고 있는 나라는 일본 이외에는 없다. 이 이상한 상황을 인식할 필요가 있다.

더 말하자면, 일반 대학이 교원을 양성하는 것은 질 높은 교사양성이라는 공공적 사명에 의한 것이 아니다. 보다 많은 수험생과 입학생을 확보하고 싶어 하는 대학의 마케팅 요청에 의한 것이다. 대학의 마케팅에 기초한 선택과정으로서의 교원양성이기 때문에 학내에서 교직과정은 보통 학과보다 한 단계 낮게 취급되며, 대강의실 수업과 시간강사 중심의 수업에서 볼 수 있는 바와 같이 전문교육보다도 열악한 교육환경에 놓여 왔다.

'면허장주의' 대 '전문성 기준'

2차 대전 이후 일본의 교사교육제도는 보통 '대학에서의 교원양성'과 '개방제'의 두 가지로 이야기하지만, 또 하나의 '면허장주의' 폐해를 지적해 둘 필요가 있다. 전문가 교육은 보통 '전문성 기준(professional standards)'에 기초하여 교육과정이 편성되고 국가시험에 의해 자격이 부여된다. 그리고 '전문성 기준'은 전문직 평가와 현직연수의 기준이 된다. 즉 '전문성 기준' 없이는 전문가 교육의 내용 편성도 전문가의 자격시험도 양성도 채용도 평가도 연수도 성립될 수가 없다.

그러나 일본에서는 교사의 '전문성 기준'은 존재하지 않고, 양성교육과정과 자격인정은 문부과학성이 정한 면허 과목에 의해 관료주의적으로 통제되어 왔다. 달리 표현하자면, 문부과학성이 하는 일은 '면허장주의'를 통해 교사교육 수준을 유지하고 점검하는 일밖에 없다.

　대학에서의 교원양성이 대학 측의 학생 확보를 위한 마케팅으로 기능하고 있는 이상 문부과학성은 '면허장주의'에 의한 관료적 통제에 의해서만이 교육의 질을 유지할 수밖에 없었다는 것이 실상일 것이다. 그러나 '면허장주의'에 의한 통제는 열악한 교육을 점검하는 데는 효과가 있지만, 그 때문에 우수한 교육이 창조성이나 발전성을 억압하고 교사교육을 경직화시키고 획일화하여 전체 질의 향상에는 부정적인 효과를 가져오게 된다. 이 '면허장주의'의 한계를 확실히 보고 '전문성 기준'에 의한 교사교육의 전문직화를 추진할 필요가 있다.

행정과 현장이 안고 있는 어려움

　'대학에서의 교원양성', '개방제', '면허장주의'의 3가지 틀이 만들어낸 교사교육의 현실을 변혁하는 것은 어려운 일이었다. 문부성은 1970년대 이후 다른 선진국과 거의 동시기에 교사교육의 고도화와 전문직화를 정책화하는 시도를 해 왔다. 지방 국립대학의 교원양성계 대학 · 학부는 1980년대에는 모두 석사과정을 설치하고 대학원에서의 현직교육을 목적으로 신구상대학(효고 교육대학, 나루토 교육대학, 죠에쯔 교육대학)도 창설하고, 교사교육의 고도화와 전문직화를 추진하려고 했다. 그러나 그러한 정책은 전부 실패했다.

거기에는 두 개의 벽이 있었다. 하나는 정부에서는 대장성(현재는 재무성) 및 도도부현 지방자치단체가 교직의 고도화와 전문직화를 적극적으로 추진하지 않았다는 것이다. 전국에는 100만 명이나 되는 교사(유초중고)가 있음에도 불구하고 현직교육을 위해 대학원에 파견된 교사는 정부 예산으로 연간 수백 명, 도도부현에서는 30명 이하였다. 이 규모로는 50년이 지나도 고도화도 전문직화도 불가능하다.

또 하나는 일본 대학의 특수한 사정에 있다. 유럽이나 미국의 여러 나라에서는 교사교육의 거의 대부분을 국립(주립)대학이 맡고 있는 것에 비해 일본의 교사교육을 담당하고 있는 대학의 약 80%는 사립대학이다. 그 때문에 교사교육은 대학 안(수험생 확보와 교원고용)과 대학 밖(교사 수요) 양쪽의 시장 경쟁 가운데 놓여, 어떠한 개혁을 실시하려고 해도 대학 간의 이해 대립을 만들어낼 수밖에 없다.(예로, 문부성은 30년 이전부터 단기대학(우리나라 전문대학교와 같은 곳으로 교육 년한은 2, 3년임) 졸업 교사면허(2종 면허)의 폐지를 시도해 왔지만, 정치가를 둘러싼 단기대학 관계자들의 압력에 의해 지금도 2종 면허는 폐지되지 않고 있다. 이제는 단기대학 수준의 교원면허는 개발도상국에서도 거의 존재하지 않으며, 동 면허를 취득한 수만 명의 학생 가운데 교사로 채용된 학생은 아주 극소수임에도 불구하고 단기대학의 생존전략을 위해 폐지되지 않고 있다)

교사교육을 둘러싼 이해대립은 국립대학의 교육학부와 사립대학의 교직과정과의 사이에도 존재하고 있다. 1980년대까지 모두가 석사과정을 설치한 국립대학의 교원양성계 대학·학부와 대부분이 석사과정에서의 교육양성을 행하지 않고 있는 사립대학과는 이해관계에서 대립하고 있으며, 교원양성의 과정 인정을 받고 있는 대학·학부의 80%를 차지하고 있는 사립대학에서는 비용 면에서 메리트가 없기 때문에 교사교육의 고도화와 전문직화에 대해서 소극적이고 부정적인 태도를 계속 취해오고 있다.

이 교착생태를 타계하기 위해서 2008년 이후부터 문부과학성은 교직대학원을 설치, 확대해 왔다. 교직대학원은 이 교착상태를 타개할 돌파구가 될 수 있을까? 답은 아니다. 지금까지 25개의 교직대학원을 설치해 왔지만, 그 대부분은 정원을 못 채우고 있다. 예로 정원을 채웠다고 해도 교직대학원에 진학할 수 있는 대학원생의 총수는 약 800명이다. 교사 총수가 100만 명이라는 것을 생각하면 교직대학원은 언 발에 오줌 누기인 것이다.

그랜드 디자인의 필요성

왜, 2차 대전 종료 이후부터 오늘날까지 교사교육은 경직화되고 교사교육 개혁은 실패로 끝난 것일까? 그 최대 요인은 그랜드 디자인이 없다는 것에 있다. 2차 대전 종료 직후 교사교육의 그랜드 디자인은 '리버럴 아츠에 의한 교사교육'이었다. 그러나 이 그랜드 디자인은 교사양성을 사범학교 수준에서 대학 수준으로 이행시키기 위한 것으로 교사의 전문가 교육을 준비하는 것이 될 수는 없었다. 그 이념과는 모순되게 현실적으로는 한편에서 교육학부에 사범학교의 포스트와 교육과정을 온존시키면서 '전문 학문 지향', '교양교육(리버럴 아츠) 지향', '교원양성 지향'의 삼색의 대립으로 개혁을 안에서부터 경직화시키고, 또 한편에서는 '개방제'를 통해 학생확보를 위한 마케팅으로 교원양성과정을 보급시키고 대강의실의 대량생산식 수업과 시간강사에 의존하면서 '선택사양'으로서의 교사교육의 실태를 정상적인 것처럼 만들어가고 있다(전술). 그랜드 디자인이 없는 대응으로는 이 실태를 개혁하기란 불가능하다.

그러나 교사교육의 그랜드 디자인을 구상하고 현실화하기 위해서는 다음의 여러 문제가 재검토되고 해결되지 않으면 안 된다.

첫째는 문부과학성의 교사교육 정책이 안고 있는 문제이다. 문부 관료는 교사의 '자질'에 대해서 1945년 이후 일관되게 강한 부담을 안고 '자질 향상'에 적극적인 노력을 해 왔다. 그것이 단적으로 나타난 것이 1965년 교원양성을 '목적'으로 하는 학예학부(대학)의 교육학부(대학)로 조직 개편, 1980년대 현직교육을 목적으로 한 신구상대학의 설치, 현재의 '교직대학원'의 추진이다. 그러나 이러한 시책이 보여주는 바와 같이 문부 관료의 교사교육 개혁은 사범학교로부터 교육대학, 교육대학원으로 이행한 유럽 모델의 교사교육을 고집하고 있으며, 2차 대전 이전 유럽형 대학을 2차 대전 이후 미국형으로 개편한 일본 대학의 실정 및 2차 대전 이후 미국형으로 이행한 교원양성의 실태와 차질(어긋남)을 반복해오고 있다. 그 때문에 문부과학성의 교사교육 개혁은 지방 국립대학 교육학부(교육대학)를 대상으로 하여 전개되고 대학 수에서 80% 이상을 차지하는 사립대학의 교원양성은 개혁 대상에서 제외되어 왔다.

현재 교직대학원의 추진도 법인화 이후 존속 위기가 계속되고 있는 지방 국립대학 교육학부(교육대학)의 생존 전략으로 전개되고 있다. 다원적이고 다양한 시스템에서 실시되는 일본 교사교육의 그랜드 디자인으로서 교직대학원이 추진되는 것이 아니다. 오히려 교직대학원의 추진으로 인해 문부과학성에는 교사교육 전체의 그랜드 디자인이 눈에 들어오지 않는 것은 아닐까?

둘째는 문부 관료의 유럽 모델(목적적 교원양성기관)에 대한 고집의 결과이지만, 사립대학 교원양성에 대한 불충분한 원조와 형식적인 통제라는 문제가 있다. 실제로 초등학교 신규 채용 교사의 과반수가 사립대학 출신이며, 중학교 교사와 고교 교사도 반수 이상이 사립대학 출신임에도 불구하고 사립대학 교원양성 실태는 열악한 조건 그대로 방치되어 있다. 사립대학의 교원양성을 어떻게 고도화하고 전문직화할 것인가에 관한 그랜드 디자인의 구상과 개혁은 긴박한 과제이다.

셋째는 교육연구 중심 대학(구 제국대학) 교육학부와 교원양성 대학·학부의 분리 문제이다. 구 7 제국대학(도쿄대, 교토대, 도호쿠대, 규슈대, 오사카대, 나고야대, 홋카이도대)의 교육학부는 '연구자 양성'이 목적으로 교원양성계열 대학·학부와는 분리되어 왔다. 이 분리는 2차 대전 이전 '학문과 교육은 별개'라는 이론에 의한 것이며, 일본 특유의 시스템이다. 그러나 교육의 연구와 실천에서 교육학과 교육실천, 교육연구자 양성과 교사 양성은 분리되어서는 안 된다. 특히 교육의 실천적 연구는 최첨단의 전문적 지식과 연구성과를 필요로 하며, 미국에서도 교육의 실천적 연구를 주도하고 있는 것은 하버드대학 등 상위권 수준의 대학이다.

도쿄대학에서는 2006년에 교육학연구과에 '학교교육고도화전공'이 신설되어 고도의 전문성을 갖춘 교사양성과 교육연구자 양성을 통합하는 개혁이 추진되었으며, 이러한 개혁에 의해 연구자 양성 중심 대학과 교원양성 대학의 분리를 극복할 그랜드 디자인이 요구되고 있다.

넷째로 도도부현 교육위원회와 대학과의 연대 문제이다. 현대의 교사교육은 평생교육(평생학습)으로 추진되지 않으면 안 된다. 대학에서의 양성교육에서 학교 현장과의 왕래가 요구될 뿐만 아니라 평생교육으로서의 교사교육에서 대학과 도도부현의 교육위원회는 긴밀한 연대와 협동을 실현하고 양성교육과 현직교육을 하나로 만들어가지(일관) 않으면 안 된다. 현대에는 교사교육의 중심 무대가 오히려 양성교육 단계에서 현직교육 단계로 이행하고 있다. 이 개혁에 대학과 도도부현의 교육위원회는 아직도 착수하지 않고 있다. 대학에서의 양성교육에서 현직교육으로 넘어가는 중간 역할을 준비하는 것과 동시에 오히려 도도부현 교육위원회에 책임을 두고 있는 현직교육 개혁을 중심으로 하여 그랜드 디자인을 구상하고 그것에 맞추어 대학의 양성교육을 개혁하는 방안이 확립되어야 할 것이다.

다섯 번째는 교사의 전문직으로서의 지위와 대우에 관한 문제이다. 교사는 '교육의 프로페셔널(전문가)'로 간주되지만, 실태를 보면 교사는 전문직으로서의 지위도 대우도 자율성도 권한도 획득하고 있지 않으며 전문직으로서의 교육과 연수 제도도, 전문직의 자율성을 보장하는 전문가협회도, 윤리규정도 갖추고 있지 않다. 현실의 교사는 '전문직이 될 수 없는 전문직(impossible profession)'으로 칭하는 것이 타당할 것이다. 이 현실을 어떻게 개혁할 것인가? 어떤 법의 정비와 제도 설계로 교직의 전문직화를 현실화할 수 있을까? 그 그랜드 디자인이 요구되고 있다.

가르치는 전문가에서 배우는 전문가로
- 21세기 교사상 -

전문가의 개념

교사는 교육의 전문가로 간주된다. 그러나 그 전문성은 무엇을 의미하는 것일까? 과연 현실의 교사는 전문가(professional)로서 인정받고 있는 것일까?

이 문제를 귀찮게 만들고 있는 것이 언어의 문제이다. 일본어로 '전문가'라고 하면 두 개의 의미가 있다. 하나는 'professional'을 의미하는 '전문가'이며 또 하나는 'specialist'를 의미하는 '전문가'이다. 이 두 개가 혼동되고 있다. 게다가 일본에서는 professional로서의 전문가 개념이 성숙되어 있지 않다. 그것은 '전문직 대학원'(법학대학원, 경영대학원, 교직대학원 등)이 '실무가' 교육으로서 제도화되어 있다는 사실에서도 나타난다. '전문가'란 스페셜리스트도 아니며 실무가도 아니다. 이를 명확히 하는 것이 교직 전문성을 수립하는 데 있어서의 전제이다.

전문가의 어원은 '신의 신탁(profess)'에 있다. 즉, 전문가란 신으로부터 사명을 위탁받은 자를 의미한다. 따라서 최초로 '프로페셔널'로 불린 직업은 목사였다. 목사는 신의 대리자로서 사람들의 신앙을 촉진하고 종교적인 구제를 담당하기 때문이다. 목사 다음으로 프로페셔널로 불린 사람들은 대학교수(professor)이다. 중세 대학은 목사를 양성하는 시설이었으며, 졸업자의 80%는 목사였다. 목사를 양성하는 대학교수도 신의 위탁을 받아 신의 사명을 맡은 직업으로 간주되었던 것이다. 그다음으로 '프로페셔널'로 불린 직종은 재판관과 의사이다. 재판관은 신을 대신하여 사람을 재판하고 의사는 신을 대신하여 사람을 목숨을 구했다. 다음으로 '프로페셔널'로 불리게 된 것이 '교사'였다. 교사도 신을 대신하여 사람을 가르쳐 안내하는 자로서 '프로페셔널'에 들어가게 된 것이다. 사실, 아우구스티누스의 교사에 관한 서술에서는 교사의 목소리가 신의 목소리에 가까울 것을 요구하고 있다.

이처럼 '전문가'라는 말은 신의 사명을 따르는 직업, 인간의 지혜를 뛰어넘는 사항을 다루는 직업을 나타내는 말로써 탄생한 것이다. 이 중세의 전통은 근대사회 성립에 의해 크게 변화하지만, 그 일이 '사명(mission)'에 의해 수행되는 직업이며, 고도의 지성에 의

해 떠맡게 되는 직업이라는 성격은 오늘날도 계승되고 있다

전문가의 요건

오늘날 전문가는 몇 가지 요건으로 정의된다. 전문가의 전형으로 여겨지는 의사나 변호사나 대학교수나 건축가에 비추어 전문가의 요건은 다음의 5가지로 개괄할 수 있다.

전문가의 첫 번째 요건은 그 일이 사적 이익을 목적으로 하지 않고 공공적인 이익, 즉 사람들의 행복을 목적으로 하는 일이라는 것이다.

두 번째 요건은 그 일이 대중이 보유하고 있지 않은 고도의 지식과 기술에 의해 수행되고 있다는 것이다. 따라서 현대 전문가 양성은 대학원 수준의 전문가 교육(professional education)으로 행해지고 있다.

세 번째 요건은 전문가협회(professional association)를 조직하여 자율적으로 면허와 자격을 인정하고 고도의 전문성을 유지, 갱신하는 연수 제도를 확립하고 있다는 것이다. 전문가협회는 행정기구로부터 독립하여 조직된 직능단체이며 대학교수는 학회나 교수회, 의사는 의사회, 변호사는 변호사회, 건축가는 건축가협회를 조직하고 있다.

네 번째 요건은 정책이나 행정으로부터 독립된 자율성을 부여받고 있다는 것이다. 대학교수, 의사, 변호사는 전문가협회의 자율성에 의해 그 지위와 권한과 활동의 자유를 보장받고 있다.

다섯 번째 요건은 윤리강령을 가지고 있다는 것이다. 전문가는 정치적인 통제나 행정에 의한 간섭에서 독립한 자율성을 보장받고 있지만, 동시에 자율성의 기초가 되는 책임을 자기관리 하는 윤리강령을 작성하고 윤리적 책임을 자기관리 하고 있다.

이러한 5가지 요건에 비추어 보면 교사는 '전문가'라 칭해지고 있지만, 현실에서는 전문직으로 성립되어 있지 않음이 명백하다. 교사는 제1요건(공공적 사명)은 채우고 있지만, 나머지 4개 요건은 어느 것 하나 채우지 못하고 있다. 교사는 지적 직업이며 의사나 변호사보다도 복잡하고 복합적인 일을 하고 있지만, 의료나 법조처럼 전문적 지식이나 전문적 기술에 대한 확실성은 보장되고 있지 않다.

그리고 교사가 보유하고 있는 전문적인 지식이나 기술과 대중이 보유하고 있는 교육에 관한 지식이나 기술과의 차이는 의사나 변호사만큼 명확하지도 않고, 그러한 지식이나 기술의 확실성도 의심스럽다. 교사는 학회나 의사회나 변호사회처럼 전문가협회를 조직하고 있지 않으며, 전문가협회에 의한 자율적인 자격제도도 연수제도도 갖고 있지 않다. 교사는 법적·행정적으로는 '지방공무원'으로 규정된 '공중의 종(public servant)'이 되어 전문가로서의 자율성이 법적·제도적으로 인정받고 있는 것이 아니다. 그리고 최종적으로 교사는 전문가협회를 조직하고 있지 않기 때문에 스스로 자율성을 담보할 윤리강령을 갖고 있지 않다.

이처럼 현실의 교사는 '전문가'가 아니며 '공복' 이상의 존재도 아니다(따라서 교사는 '마이너적 전문직(minor professional)'이라 불리기도 한다). 교사 직무 범위의 지식과 기술의 확실성(certainty)의 결핍이 '마이너적 전문직'이라는 규정의 근거가 되고 있다.

교직의 고도로 지성적인 성격

교사교육 개혁에서 가장 어려운 것은 교사의 일이 누구나 할 수 있는 쉬운 일(easy work)로 오해되고 있다는 데 있다. 우리는 누구나 학생으로 교사의 일을 1만 시간 이상 관찰한 경험을 가지고 있다. '저 정도의 일이라면 누구라도 할 수 있다', '인간성만 좋으면 교사가 될 수 있다', '수학만 이해하고 있으면 수학 교사가 될 수 있다' …. 이러한 겉으로 보이는 인상으로 누구나 교사의 일에 대해서 '아는 척'을 한다. 과연 교사의 일이 쉬운 일(easy work)일까?

교사 일의 외관상의 수월함과 실질상의 어려움의 대비는 오케스트라 지휘자의 일에 비유할 수 있을 것이다. 지휘자는 음악을 숙지하지 않은 관객이 보면, 악보가 지정하는 템포로 악단 한 명 한 명이 연주하는 곡에 맞추어 지휘봉을 흔드는 것으로만 볼 수밖에 없다. 그러나 오케스트라 지휘자의 일은 엄청난 고도의 일이며, 연주하는 악보의 세부까지 정교하고 세밀하게 빠짐없이 연구하고, 음악성과 음악의 전문적 지식과 악곡의 해석에서 누구보다도 탁월하고, 게다가 악단원 한 명 한 명의 창조성을 최대한으로 이끌어낼 능력을 갖추고, 그 모든 것을 최대한으로 발휘하여 지휘봉을 흔든다. 그러나 그 고도의 음악성이나 전문적 지식, 악곡의 정교하고 세밀한 분석, 악단원의 창조성을 최대한으로 이끌어내는 능력은 밖에서는 볼 수 있는 것이 아니다(Darling Hammond and Bransford, 2005).

교사도 마찬가지이다. 교사의 일만큼 복잡하고 지성적이고 예술적이고 고도의 창조성과 전문성을 요구하는 직업은 없다고 해도 과언이 아닐 것이다. 말하자면, 누구라도 불충분하게밖에 할 수 없는 고도의 지성적 실천이다. 그러나 그 전문적 지식이나 전문적 능력의 대부분은 밖에서 볼 수 없는 것이다.

한 예를 들어보자. 마이너스 곱하기 마이너스가 플러스가 된다는 것은 어른이라면 누구나 알고 있다. 그러나 그것을 어떻게 아이에게 가르치면 좋을까? 또 아이는 이것을 어떻게 이해할까? 그러한 것을 알지 못하는 사람이 본다면 교사로서의 일은 보잘것없다. '마이너스 곱하기 마이너스의 경우는 플러스로 한다'라는 계산 방식을 가르치는 것만으로는 단지 지휘봉을 흔들고만 있는 지휘자와 마찬가지다. 계산 방식만 가르쳐서는 아이는 마이너스 곱하기 마이너스가 플러스가 된다는 것의 수학적 의미를 인식하는 일은 어려울 것이며, 마이너스 곱하기 마이너스가 플러스가 되는 것과 현실과의 연결도 생활과의 연결도 이해할 수 없고 이 지식을 활용하는 것도 할 수 없다.

세계 교과서에서 마이너스 곱하기 마이너스를 가르치는 방식을 조사해 보면, 실제로 20가지 이상의 방식이 존재한다. 그 전부를 인식하고 있는 교사라면 아이의 다양한 이해방식을 인식하는 것이 가능할 것이며, 아이의 다양한 주춤거림에도 대응할 수 있을 것이다. 비록 20가지 이상의 가르치는 방식을 알지 못하더라도 적어도 5가지의 가르치는 방식을 알고 있다면, 아이들에게 이 계산의 수학적 의미와 현실적인 의미를 이해시키는 것이 가능할 것이다.

보다 더 간단한 예를 들어보겠다. 2×3을 일반 사람들은 2+2+2로 이해하고 있다. 그러나 2×3의 수학적 의미는 2×3이 나타내고 있는 양이 덧셈이나 뺄셈으로 계산되는 외연양이 아니라 곱하기나 나누기로 계산되는 내포양이며, 2×3은 한 개당 양으로서의 2에 대한 3개분의 양이라는 것을 의미한다. 2×3은 2+2+2(누가累加)가 아니고 2의 3개분을 의미하는 것이다. 이를 인식하지 않은 채 교사가 아이들에게 곱셈을 가르친다면, 비록 계산의 답은 알게 되더라도 수학적으로 잘못된 인식을 주어 그 후의 분수·비·비율 등의 배움에 중대한 장애를 남기는 것이 되고 만다.

이러한 것들은 정말 한 예에 불과하지만, 교사에게는 학교에서 가르치는 모든 지식이 아이들의 배움에 입각해서 다시 배우지 않으면 안 되며, 수업에 유효하게 기능하도록 번안되지 않으면 안 된다. 그리고 다시 배움을 통한 지식의 번안은 지성적인 고도의 탐구를 동반한다.

이러한 예가 보여주는 것처럼 교사의 일은 밖에서 보는 것만큼 손쉬운 일이 아니며, 수학을 안다고 해서 수학을 가르칠 수 있는 것도 아니다. 교사의 일은 고도의 지적인 실천이며, 창조성과 전문성을 요구받는 일이다. 아리스토텔레스가 말한 것처럼 '이해하고 있다는 최대의 증거는 그것을 가르칠 수 있다'라는 것이다. 그리고 교사는 교사가 되기 위한 교육에 의해 교사가 되는 것이다.

교직 전문성의 기초

전문가는 '공공적 사명(public mission)', '전문적인 지식과 능력(expertise)', '자율성(autonomy)', '윤리(ethics)'로 규정되는 직업이다. 전문직인 의사, 변호사, 건축가 등은 모두 이러한 기초에 의해 전문직을 수행하고 있으며, 이 4가지에 의해 일반 직업과는 구별된다. 교직도 마찬가지이다. 교직에서 이 4가지 기초를 확인해 보자.

교직이 높은 공공적 사명에 의한 직업이라는 것에 이견을 주창하는 사람은 없을 것이다. 교직은 사적 이익을 추구하는 직업이 아니며, 사적 기호(嗜好)를 추구하는 직업도 아니다. 교직은 아이들과 함께 행복을 추구하는 직업이며, 아이들의 배울 권리를 보장하고 행복추구권을 보장하는 직업이다. 나아가 교직은 민주주의 사회를 실현할 사명을 맡은 직업이다. 한나 아렌트가 주장한 것처럼 민주주의의 정치는 민주적 주권자를 키우는 교육에 의해 실현된다.

교사가 헌신적으로 일을 수행하고 자신의 전문적 능력 향상에 끊임없이 노력하는 것은 그 일이 아이들의 행복과 연결되며 사회 발전에 공헌하고 있음을 알고 있기 때문이다. 교사 자신이 공공적 사명을 잃게 되면 또는 교직의 공공적 사명을 사회가 존중하지 않는 상태에 빠지면, 교사는 허무감과 무력감에 빠지게 된다. 사회학자 댄 로티(Dan C. Lortie)는 저서 『학교 교사』(1975)에서 '정신적 보수(psychic reward)'라는 말로 교사의 보람을 표현하고 있다. '정신적 보수'란 교사의 일이 얼마 안 되지만 아이들의 행복에 공헌하고 사회 진보에 공헌한다는 공공적 사명을 다함으로써 얻게 되는 보상이라 해도 좋겠다.

교직 전문성은 '전문적인 지식이나 능력'에 기초를 두고 있으며, 그 일이 고도로 지성적인 일이라는 것은 앞서 제시한 바와 같다. 그러나 이 전문적인 지식과 능력에 관해서는 몇 가지 다른 의견도 있다. 주요한 이견은 두 가지이다.

하나는 교사 전문성의 기초가 되는 '지식 기초(knowledge base)'의

취약성에 관한 것이다. 교직의 지식 기초가 의사나 변호사나 건축가처럼 확실성을 갖추고 있지 못하다는 것에 대한 의심(疑義)이다. 교사의 일은 복합적이고 애매하며 과학적으로 검증된 확실한 지식이나 기술이 존재한다고 말할 수 없으며, 그 일의 대부분이 '불확실성(uncertainty)'에 지배되고 있다. 그러한 불확실성이 지배하는 지식 기초는 전문성의 근거가 될 수 없다는 의견도 있다.

또 하나의 다른 의견은 교직 전문성의 기초가 되는 지식을 획득한 교사가 반드시 훌륭한 교사는 아니라고 하는 의심이다. 이 의견은 일본에서는 특히 뿌리 깊다. 교과의 전문적 지식이나 교육학, 학습과학의 전문적 지식이 아무리 뛰어나다고 해도 수업실천이나 교사의 직무에서 뛰어난 것은 아니라는 의심이다.

이러한 서로 다른 두 가지 입장과 의심에 대한 상세한 검토는 나중에 하기로 하더라도 교직의 지식 기초가 불확실성에 지배되고, 그리고 가설로 전문적 지식에서 뛰어난 교사가 반드시 훌륭한 실천자라고 단정하기 어려울 것이다. 하지만 앞으로 교사가 고도의 전문적인 지식과 능력을 갖추어야 하며, 그 지식과 능력의 기초가 교사의 전문성 확립에 불가결하다는 것에는 다른 의견이 없을 것이다. 교직의 지식 기초가 불확실성에 지배되고 있는 것은 무엇보다도 교사의 직무 범위와 그것을 뒷받침해 주는 지식과 능력이 복합적이고 종합적이며 교사 일의 맥락이 복잡하다는 데 이유가 있다. 그리고 교사의 전문적 지식의 우수성이 실천에서 효력을 발휘하지 못하고 있다면, 그 전문적 지식이 실천적인 지식이나 식견으로 번안되어 있지 않기 때문이다. 오히려 교사의 지식 기초의 불확실성에 대한 대처와 전문적 지식을 실천적 지식으로 바꾸는 필연성이야말로 역설적이지만, 교직 전문성의 근거가 되고 있다고 말해야 할 것이다.

교직의 '자율성'에 대해서는 전문가협회의 형성과 함께 검토되어야 할 과제이다. 장래에 교원조합, 교장회, 교육행정, 대학 등의 대표자에 의해 교직의 전문직화와 자율성 확립을 추진하는 전문가협회가 조직되어야 할 것이다.

교직의 '윤리'에 관해서는 교사의 일이 윤리적 실천이며, 교사의 직업윤리가 중요하다는 것은 사회적 합의를 형성하고 있다. 앞에서 기술한 전문가협회가 조직되면 윤리강령을 작성하고 교직 전문성의 근거로 하는 일은 어려운 일은 아니다.

가르치는 전문가에서 배우는 전문가로

교직 전문성을 논의하는 데 있어서 또 하나의 중요한 시점은 21세기 교사의 전문가상은 '가르치는 전문가'에서 '배우는 전문가'로 이동하고 있다는 것이다. 이 변화는 세계화와 지식기반사회의 형성에 의해 19세기형 학교에서 21세기형 학교로의 변화가 일어나고 있으며, 교사의 역할이 바뀌었다는 것을 배경으로 하고 있다.

하나는 지식기반사회와 평생학습사회의 도래에 따라 학교 교육 시스템이 교사의 수업을 중심으로 한 시스템에서 아이들의 배움을 중심으로 한 시스템으로 변화하고 있다는 것이다. 이 변화에 맞추어 교직의 전문성도 수업 기술을 중심으로 하는 것에서부터 아이들의 배움의 디자인과 성찰을 중심으로 하는 것으로 변화하고 있다. 이 변화에서 '가르치는 전문가'에서 '배우는 전문가'로의 이동이 일어나고 있다.

또 하나는 교사교육과 배움이 양성교육의 단계에서 현직교육의 단계로 연장되고 교사교육 그 자체가 현직교육을 중심으로 한 평생교육으로 발전한 것이다. 지식기반사회의 도래로 지식은 고도화되고 복합화되고 유동화되고 있다. 마찬가지로 교사의 현직에서의 모든 전문적 지식(교육과정, 교육내용, 수업과 배움의 양식, 교실의 맥락, 학교와 지역의 관계 등의 지식)이 고도화하고 복합화하고 유동화하고 있다.

21세기 사회 변화와 함께 교사는 평생에 걸쳐 배우지 않는 한 직무를 수행할 수 없게 되며, 생애에 걸쳐 연수를 계속하며 배움을 이어가는 교사라는 전문가상이 형성되고 있는 것이다.

교사교육 개혁의 과제와 정책

개혁의 글로벌 스탠더드

교사교육 개혁은 1980년대 이후 세계 거의 대부분의 나라에서 교육개혁의 중심이었다. 개혁은 두 가지 방향에서 실시되어 왔다. '고도화'와 '전문직화'이다. 그러한 개혁은 한 가지 모습은 아니었으나 공통점도 많다. 그러한 공통점은 교사교육 개혁의 국제 기준을 형성해 왔다. 주요한 공통점은 다음과 같다.

1. 교양교육, 양성교육, 도입교육, 현직교육의 계속성과 일관성 확립
2. 교직 전문직 기준(professional standards) 확립

3. '반성적 교사(reflective teacher)'라는 전문가상의 형성
4. 수업실천에서의 교과내용의 지식(Pedagogical Content Knowledge) 중시
5. 교육실습으로부터 실천연구·임상경험으로의 전환
6. 학습과학·인지과학에 의한 교사의 전문적 지식의 기초 부여
7. '자질(trait) 접근'에서 '지식(knowledge) 접근'으로의 전환

각 개혁의 개요는 다음과 같다.

① 교사교육의 계속성과 일관성

세계 각국에서 교사교육의 계속성과 일관성 확립은 개혁의 공통된 주제였다. 그 기점이 된 개혁 제언은 1972년 영국 노동당정권 하에서 제언된 제임스 보고서였다. 이 보고서는 2년간의 '인간교육(personal education = 교양교육)'과 2년간의 '양성교육(pre-service education)', 1년간의 '도입교육(indication = 試補시보교육)' 그리고 생애에 걸친 '현직교육(in-service education)'의 4단계를 통한 교사교육의 계속성과 일관성은 학부에서의 교양교육과 대학원 수준의 전문가 교육을 일관하는 개혁으로 발전했다.

그다음의 모델을 제공한 것이 미국의 100개 주요대학교육학부장 조직 홈즈 그룹이 1986년에 제창한 교사교육개혁구상이다. 홈즈 그룹은 교직 전문교육(professional studies)의 전제로 4년간의 교양교육

(학사학위 취득)을 요구하고 대학원에서 전문가 교육으로 교직전문교육을 행한 후 시보(임상경험)를 거쳐 현직연수(생애학습)로 이행하는 시스템을 제창했다. 이렇게 '교양교육'(학사), '교직전문교육'(석사), '시보교육(도입교육)'을 거쳐 '현직교육(평생학습)'으로 연결되는 계속성과 일관성이 교사교육 기본 구조의 글로벌 스탠더드가 되었다.

단, '교양교육'과 '교직전문교육'의 계속성에 대해서는 국제적으로 두 가지 형태가 있다. 하나는 영국의 PGCTE(post graduate course of teacher education)와 미국의 홈즈 그룹의 제안에서 볼 수 있는 것처럼 학부 단계에서 교양교육의 학사를 취득한 후에 교직전문교육을 행하는 형태이다. 또 하나는 유럽 여러 나라에서 볼 수 있는데 학부 단계부터 '교양교육'과 '교직전문교육'을 병행하여 이수하고, 학부 단계의 학사 취득 후에 대학원 석사과정, 혹은 1, 2년의 교직전문과정에서 교직 전문가 교육을 계속하는 형태이다.

어떤 형태이든 교사교육이 '교양교육', '교직전문교육', '도입교육', '현직교육'의 4단계로 구성되어 평생학습으로서 교사교육이 주요한 단계로서 자리 잡고 있다는 점에서 공통적이다.

② 교직 전문성 기준의 확립

교직의 전문직화는 '교직 전문성 기준(professional standards of teaching professional)' 확립을 필수 조건으로 하고 있다. 여기에 기선을 잡은 것이 1986년 '준비된 국가(A Nation Prepared)'라는 제목의 개혁보고서를 제언한 카네기재단 태스크 포스의 '전미교직전문기준위원회(National Board of Professional Teaching Standards, NBPTS)'의 대처이다. NBPTS는 교직의 전문직화와 전문적 자율성의 확립을 표방하고 NEA와 AFT의 두 개의 교원노조 대표, 교장 대표, 교육행정 대표, 교육학자 대표로 조직된 위원회이며, 교직의 전문 기준을 정하고 그것에 따라 교사의 전문직성 자격증명(certification)을 인정하고 교직의 자율적인 권한 확대와 전문적 지위 향상을 추진하고 있다.

교직 전문성 기준 확립에서도 두 가지 유형이 인정되고 있다. 하나는 앞에서 기술한 미국의 사례처럼 교육행정으로부터 독립한 전문가협회에 의해 전문성 기준을 정하고 교직의 자율성과 전문적 지위 향상을 추진하는 형태이다. 같은 유형의 전형은 그 외에도 스코틀랜드의 일반교사회(General Teaching Council)에 의한 전문성 기준을 들 수 있다. 또 하나의 유형은 교육행정에서 교직의 전문성 기준을 결정하는 형태이며, 영국(스코틀랜드는 제외)에서의 교직 전문성 기준의 작성이 전형이다.

③ '반성적 교사'라는 전문가상

1990년대 이후 세계 각국의 교사교육 개혁에서 거의 공통적으로 내걸고 있는 것이 '반성적(성찰적) 교사(reflective teacher)'라는 교사상이다. 이 개념은 1983년에 출판된 도널드 쇤의 『반성적 실천가(The Reflective Practitioner)』에 의한 전문가상의 전환을 배경으로 하고 있다.

그 함의는 근대주의적인 전문가가 '과학적 기술의 합리적 적용'을 원리로 한 '기술적 숙달자'였던 것에 비해서 보다 복잡한 맥락에서 보다 복합적이고 종합적인 시야에 서서 '행위 속의 성찰(reflection in action)'의 원리에서 실천을 수행하는 사려 깊은 전문가를 추구하고 있다는 점이다. 이 '반성적 교사'라는 전문가상은 세계 각국의 교사교육 개혁에서 거의 공통된 전문가상을 형성하고 있다.

④ 교과 지식의 중시와 재파악

교사교육 개혁에서 교과내용 지식과 그 수업실천으로 번안이 중시되고 있는 것도 과거 30년간 세계 각국의 교사교육 개혁의 공통된 특징이다. 2008년에 실시된 제1회 OECD 국제교원지도환경조사(TALIS)는 조사 대상국 24개국 교사교육에서 '수업과 배움으로 번안된 교과내용 지식(Pedagogical Content Knowledge, PCK)의 형성이 많은 국가의 교사교육에서 공통된 중점과제가 되고 있다고 보고하고 있다. 똑같은 지적은 OECD의 PISA 조사, IEA의 TIMSS 조사의 보고서에서도 찾아볼 수 있다.

어느 나라나 지식기반사회를 맞아 교과내용의 수준 향상이 요구되고 있으며, 교사교육에서의 교과내용의 중시와 교과내용을 학생에게 효과적으로 학습시키는 교사의 수업 역량이 문제가 되고 있다. PCK는 '준비된 국가'에 의한 개혁에서 중심적 지도자인 리 슐만(Lee S. Shulman)이 제기한 교직 전문성의 중핵을 구성하는 지식이었다.

교과 지식의 자리매김에 대해서도 국제적으로는 두 가지 형태가 인정되고 있다. 하나는 교직 전문성의 교과의 내용 지식을 중심으로 구성하는 형태이며, 또 하나는 교과의 수업(배움)에 관한 지식과 기법으로 중심으로 구성하는 형태이다. 이 두 가지는 교직 전문성의 구조적인 이해에서 미묘한 차이를 보이고 있지만, 어찌 되었던 교직 전문성에서 교과 지식과 그 재파악이 중시되고 있다는 것에서 공통적이다(이 점에서 일본의 교직대학원이 교육과정에서 교과내용과 교과교육법을 다루고 있지 않다는 것은 중대한 사태이다).

⑤ 실천연구와 임상경험

교사교육의 고도화, 전문직화와 아울러 지금까지의 교육실습은 근본에서부터 수정되고 있으며, 전문가 교육으로서의 실천연구로서 성격도 내용도 변화하고 있다. 종래의 교육실습은 '완성교육'으로서의 교원양성의 마무리로서 자리 잡고 채용 후에 바로 가르칠 수 있도록 하기 위한 준비단계로서 기능하고 있다. 그것에 대해서 현대 교사교육에서의 실천 경험은 이론과 실천을 통합하는 전문가 교육의 중심적인 과정(課程)으로서의 성격이며, 평생에 걸친 교사의 배움의 출발점으로 자리 잡고 있다. 이수 기간도 연장하고 있다. 종래의 교육실습은 국제적으로 통상 15주가 표준(일본은 3주 또는 5주로 극단적으로 짧다)이었지만, 양성교육 전체 기간이 3~4년에서

5~6년으로 연장됨에 따라 적어도 반년 이상의 '실천 경험(혹은 임상경험)'으로 설정되고 있으며 학교 현장의 지도교원과 대학 교원과 학생(대학원생)과의 협동에 의해 수행되고 있다.

⑥ 학습과학의 기초 부여

교사교육 교육과정에서 학습과학의 내용이 중시되고 있다는 것도 현대 교사교육 개혁의 특징이다. '가르치는 기술과 기능'에서 '배움의 디자인과 성찰'로의 전환이다. 이 전환의 배경에는 세계화와 지식기반사회의 성립에 의해 전통적인 일제식 수업이 쇠퇴하고, 활동적이고 협동적인 배움을 중심으로 한 수업으로 수업과 배움의 양식이 변화되고 있다는 것이다. 또 하나의 배경은 1980년대 이후 수업이론과 학습이론과 교육과정이론이 행동과학에서 이탈하여 학습과학과 인지과학을 기초로 하는 이론으로 변화한 것을 들 수 있다.

⑦ '자질'에서 '지식'으로

개혁의 접근도 최근 30년간 변화를 이루어내고 있다. 1970년대까지의 교사교육 개혁은 교사의 '자질' 향상을 추구하는 '자질(trait) 접근'이었다. 그 '자질'이란 교직에의 태도, 수업 기능, 교실경영 기능, 학급경영 기능, 학교에서 일어나는 문제에의 대처 등 교사로서의 마음가짐과 직업 태도와 실무 능력 향상을 목적으로 하고 있다. 이 자질 접근의 기초가 되는 것은 태도와 기능의 '유능성'과 '효과'와 '효율성'을 추구하는 행동과학의 이론이었다.

그것에 비해서 1980년대 이후 세계 각국의 교사교육 개혁은 '자질 접근'에서 벗어나 '지식 접근'으로 이행하고 있다. 교사의 지식이 교육실천 효과에 있어서 결정적인 역할을 수행하고 있다는 것이 알려지게 되면서 교육연구도 행동과학으로부터 인지과학으로 패러다임 전환을 한 것이다.

교사교육이 '지식 접근'에서 재검토한 것이 교사교육 교육과정이며, 종래의 실무적인 훈련에 대신하여 교과내용의 이해와 학생이해와 관계에 대한 지식, 학생의 인지발달에 관한 지식, 협동적인 배움에 관한 지식 등 교사가 전문가로서 실천을 수행하는 데 필요한 '지식 기초'의 재검토가 진전되었다. 아울러 교사가 수업에서 활용하고 있는 '실천적 지식(practical knowledge)'과 '실천적 식견(practical wisdom)'에 관한 연구가 전개되었다.

교사교육 개혁의 정책과제

교사교육 개혁은 어떤 정책에 의해 수행되고 있는 것일까? 미국에서의 전개는 1986년 '준비된 국가'와 '전미교직전문기준위원회'의 활동 및 같은 1986년에 활동을 시작한 홈즈 그룹(전술)의 일련의 보고서를 통해 전개되었다. 한편, 유럽 여러 나라의 개혁 동향은 유럽연합(EU)의 유럽교사교육협회(Association of Teacher Education in Europe)의 많은 보고서에서 그 개요를 알 수 있다. 예로 EU의 보고서는 유럽 여러 나라의 교사정책을 비교하고 있으며, 다음 7개 항목을 교사교육 개혁의 공통된 정책과제로 들고 있다(OECD/EU, 2010).

1. 교사교육의 계속성(준비교육-도입교육-현직교육)
2. 전문성의 가치 실현(반성적·혁신적 교사)
3. 교직의 매력 실현(채용, 대우, 정책의 유연성)
4. 교사의 자격 향상(연구와 실천의 균형)
5. 초임기의 지원과 계속되는 배움의 보장
6. 질 높은 교사교육과 전문적 성장의 계속(교사교육 교육과정의 개발)
7. 학교에서의 리더십 발휘 기회

본 장의 앞에서 제시한 7개 항목과 겹쳐보면, 현대 교사교육 개혁이 정책과제에서 글로벌 스탠더드를 형성하고 있음을 알 수 있다.

그러나 현실의 정책 수행에서는 구체적으로는 두 개의 노선이 대립적으로 싸우고 있다. 하나는 '책무성(accountability) 정책'이며, 또 하나는 '전문적 자율성 정책'이다. 전자는 신자유주의 정책과 이데올로기에 의해 수행되고 있으며, 후자는 신자유주의 정책에 대항하여 교직의 전문적 자율성을 옹호하고 수립하는 정책으로서 전개하고 있다. 전자가 지배적인 힘을 미치고 있는 나라는 미국과 일본을 포함한 아시아 여러 나라와 지역(중국, 한국, 타이완, 홍콩 등)이다.

'책무성'은 '설명책임'으로 번역되어 '반응책임(responsibility)'과는 구별되는 신자유주의 시장원리주의의 이데올로기에 의한 책임 개념이다. 원래 '책무성'은 납세자의 세금에 맞춘(accountable) 서비스가 되어 있는가를 확인하는 비용 대비 효과의 의미로 등장하여 시장원리주의 하에서 수치 목표와 그 달성도에 의한 행정수단으로서 보급되어 왔다. 교사정책에서는 교육 공공성의 파탄, 학력 테스트 등에 의한 경쟁 원리의 도입, 메리트·페이(실적에 따른 교원 급여)의 도입, 교사평가에 의한 관료적 통제, 학급경영에서의 기업모델의 도입 등을 이끌고 있다.

이 책무성 정책에 대항하여 전문적 자율성을 내건 교사정책에서는 교직의 존엄, 교직의 자율성, 교직의 지위와 대우의 향상, 전문가 공동체의 형성 등이 정책화되고 실천화되고 있다.

이 두 가지 대립 구도가 교사교육의 논쟁적인 문제의 중심에 가로놓여 있다.

전문가 교육으로서의 교사교육
- 교직의 장인성과 전문성 -

듀이의 제언

교사가 전문가로서 배우고 성장하는 것은 무엇을 어떻게 배우고 어떤 전문가로서 성장하는 것을 의미하는 것일까?

이미 1세기도 이전인 1904년에 존 듀이는 교사교육 개혁을 제창한 논문에서 교사교육의 과제는 다른 전문직(의사나 변호사)의 교육 과제와 동일하다고 지적하고 '도제제 교육(apprenticeship)'에서 '실험적 방법(laboratory method)'으로 개혁하는 길을 제시하고 있다. '실험적 방법'이란 '지성적 방법(intellectual method)'으로 불리며 '이론과 실천의 통합'을 전문가 교육의 중심으로 할 것을 의미하고 있다. 이 개혁 제언은 미국에서 교사교육이 사범학교에서 대학의 교육학부로 이행하는 시대에 집필되었지만, 듀이의 두 가지 제언, 교사교육 개혁의 과제는 의사나 변호사와 마찬가지로, 전문가 교육의 과제라는 것과 교사교육 개혁의 중핵이 '지성적 방법'이라 불리는 '이론과 실천의 통합'에 있다는 것은 오늘날에도 전혀 변하지 않고 있다(듀이, 1904).

단지, 듀이가 제창한 '실험적 방법'(혹은 '지성적 방법')에 관해서는 약간의 검토가 필요하다. 듀이의 제언에서는 사범학교 교원양성이 훈련 중심의 '도제제도'에 갇혀 있던 당시 상황을 비판한 나머지 대학의 과학적 연구에 의한 전문가 교육의 방향성이 지나치게 강조되고 있다. 그 후 1세기 남짓의 연구에 의해 교사의 직무 범위는 의사나 변호사와 비교하더라도 '불확실성(uncertainty)'이 강하고 실증주의적인 과학의 지식이나 기술을 '확실성'에 의한 교육만으로는 불충분하다는 것을 지적받아 왔다. 그렇다고 하더라도 듀이의 통찰은 탁월했다.

현재, 세계 각국에서 전개되고 있는 교사교육 개혁은 1세기가 넘는 옛날의 듀이 제언대로 전개되고 있다. 교사교육의 고도화와 전문직화는 의사나 변호사의 전문가 교육과 같은 양식의 이론에 의해 전개되고 있으며, 전문가 교육의 선행 모델을 의사교육과 법조교육에서 찾음으로써 개혁과 정책의 기본적인 틀과 이론 연구가 비약적으로 발전하고 있다. 이 장에서는 그러한 연구성과를 기초로 하여 교사교육의 특수성을 고려해 가면서 교사가 전문가로서 배우고 성장하기 위한 개혁과 실천의 방향에 대해서 검토해 보겠다.

장인성과 전문성

교직의 전문직화를 추진하는 데 있어서 교직의 지식 기초(knowledge base)로서의 전문적인 지식이나 기술이 의사나 법조의 전문가 교육에 비하면 '확실성'이 부족하고 '불확실성'이 지배하고 있다는 것을 고려하지 않으면 안 된다. 교사 직무 범위의 일과 그 맥락은 복잡하고 복합적이며, 실증적인 과학연구의 '확실성'만으로는 대처할 수 없는 성격을 보이고 있다. 이 '불확실성'에 대해서 교사들은 자타의 경험으로부터 배움(reflection), 실천 경험으로 배양된 암묵지(tacit knowledge)를 총동원하여 감(느낌)과 요령을 중요하게 여기며 일을 수행하고 있다. 이렇게 경험으로 길러진 암묵지와 감과 요령을 통한 '불확실성'에의 대응을 고도의 기법으로서의 '장인성(craftsmanship)'이라 부르며 전문적 지식이나 기술이나 이론에 의한 '전문성(professionalism)'과 구별하여 고찰해 보자.

전문가로서의 교사가 전문성과 장인성, 두 가지를 다 겸비해야 할 필요가 있다는 것은 명백하다. 그러나 현실의 교사를 보면, 어느 쪽이든 한쪽에 치우쳐 있는 교사가 많다는 것도 사실이다. 예로, 교과내용에 대해서 고도의 지식을 가지고 교육학이나 학습과학 이론을 깊게 학습하고 있음에도 불구하고 수업실천의 수행이나 아이들(학생)의 배움의 실현에 고민하고 불충분한 성과밖에 달성하지 못하는 교사가 적지 않다. 이런 교사의 경우는 전문성의 배움에 있어서는 일정 수준에 달해 있지만, 장인성의 배움이 결여되어 있다. 반대로 아이들(학생)을 다루는 일이나 수업은 능숙하며 아이들에게 인기가 높지만, 아이들이 일 년간 배워도 학력도 향상되지 않고 아이들의 지적 발달이 정체되거나 오히려 저하하는 경험을 하는 교사도 적지 않다. 즉 가르치는 내용이 부족하고 교과서대로의 내용밖에 다루지 못하고 그 수업실천도 경험주의 틀을 한 발짝도 벗어나지 못하는 교사이다. 이 교사의 경우는 장인성을 갖추고 있지만, 전문성이 결정적으로 결여되어 있다.

이처럼 교사는 장인성과 전문성을 겸비한 전문가로서 교육받지 않으면 안 된다. 그 장인성과 전문성은 어떠한 내실을 의미하고 있는 것일까?

교사의 장인성

교사의 장인성이란 어떤 직업능력인 것일까? 장인성에 관해서 지금까지의 교육학은 '기술'과 '기능'으로 논의해 왔다. 예로 '수업의 기술', '수업의 기능(스킬)'이라는 표제를 가진 서적은 수도 없이 출판되고 있으며, 그러한 것을 주제로 한 연구논문도 셀 수 없을 만큼 발표되어 왔다. 그러나 그러한 서적이나 논문에서 제시하고 있는 '기술'과 '기능'에 관해서 교육실습생이나 신규 교사라면 얼마간의 효용을 인정하겠지만, 초임기를 벗어난 일반 교사 중에서 그러한 효용에 대해서 전적으로 신뢰하는 교사는 얼마 되지 않을 것이다. 이 사실은 교사의 장인성이 '기술'이나 '기능'이라는 범주로는 받아들일 수 없는 능력이라는 것을 보여준다.

교사의 장인성은 '기술'이나 '기능'을 초월한 직업적 능력이다. '기술(technique)'이란 지식에 의해 전달하는 것이 가능한 기(技)를 의미하며 '기능(skill)'이란 훈련에 의해 습득하는 것이 가능한 기(技)를 의미한다. 각각을 검토해보자.

'기술'의 지적 성격에 관해서 아리스토텔레스는 '학습(episteme)'이 '이렇게 밖에 있을 수 없는 것'이라면 '기술지(techne)'는 '아무렇게라도 있을 수 있는 것'으로 정의했다. '기술'이란 '이렇게 하면 이렇게 된다'라고 하는 지식이며, 그 기반이 되고 있는 것이 '만약...라면(if...then)'이라는 명제로 표시되는 이론(과학)이다. 이 의미에서 교사의 장인성은 '기술'인 것일까? 교사의 실천은 사물의 생산과 가공처럼 '기술'에 의해 수행되지 않는다. 교사의 실천은 '기술' 이상으로 복잡하고 고도의 행위이며, 그 실천이 수행되는 맥락은 '기술'을 확정할 수 있을 만큼 균일하게 통제되지도 않으며 단순하지도 않다. 그 때문에 A라는 교사가 B라는 아이를 대상으로 C

라는 맥락(지역, 학교, 교실)에서 행하여 유효했던 '기술'이 P라는 교사가 Q라는 아이를 대상으로 R이라는 맥락에서도 유효하다는 보증은 없다. 오히려 이 두 개의 사례에서 같은 '기술'을 적용해도 각기 완전히 다른 결과가 나올 것이다. 즉 교사의 실천은 '기술'에 의해 통제되지 않는 것이다.

교사 실천의 '기능'에 대해서도 같은 의심스러운 부분이 있다. '기술'이 지식으로서 전달하는 것이 가능한 기(技)였던 것에 비해서 '기능'은 훈련에 의해 습득하는 것이 가능한 기(技)였다.

그러나 교사의 실천에서의 기(技)는 '기능'을 넘는 '기(技)'이다. 피아노 연주를 예로 들어보자. 피아노 연주에 '기능'은 없어서는 안 된다. 손가락이 움직이지 않는다는 것은 피아노 연주가 불가능하다는 것이다. 따라서 피아니스트는 음계의 연습을 게을리하지 않는다. 그러나 손가락을 움직이는 기능을 습득하는 것과 음악 작품을 연주하는 것은 완전히 별개의 사항이다. 음악 작품의 연주능력은 '기능'이 아니다. 교사의 실천에서도 마찬가지이다. 수업실천에 필요한 기능이 얼마간 존재한다고 해도 그 기능에 숙달되었다고 해서 수업실천이 수행될 수 있는 것은 아니다.

교사의 장인성이 '기술'도 '기능'도 아니라고 한다면, 그것은 어떤 기법(아트)일까? 이 물음에 대해서 전문가연구를 한 도널드 숀(D. Schon)은 『반성적 실천가를 교육하기(Educating the Reflective Practitioner)』라는 책에서 'artistry'라는 개념을 제출하여 답하고 있다. 'artistry'란 전문가가 수행하는 '고도의 기법'이며 '기술'이나 '기능'을 넘어선 기법이다. 예를 들면 첼리스트의 연주기법(핑거링과 활), 카운슬링의 대인기법, 건축가의 설계기법, 조경가의 기법, 도예가의 기법 등 'artistry'(고도의 기법)의 예는 얼마든지 들 수 있다. 공통적인 것은 '기술'이나 '기능'을 넘어선 기법이라는 것이다.

'artistry'(이하에서는 '고도의 기법'이라 부르기로 함)는 지식으로 전달하는 것은 곤란하며, 동시에 훈련으로 형성되는 것도 아니다. 전문가가 활용하는 고도의 기법은 훌륭한 선배를 모델로 한 장기간에 걸친 도제적 배움(apprenticeship)에 의해 습득되는 것이며, 전문가 공동체의 전문가 문화(professional culture)로서 형성되어 공유되고 전승된다.

전문가의 고도의 기법의 배움에서 지도하는 선배가 '멘토(mentor)'이며, 그 선배로부터 전문가의 자립을 지원하는 지도를 '멘토링(mentoring)'이라 부르고 있다. 예로 대학의 연구자양성의 경우 지도교수를 영어로 'mentor professor'라 부른다. 멘토의 역할은 가르치는 것에 있는 것이 아니다. 전문가 선배로서 전문가 모델의 실천을 통해서 후계자(제자)에게 보여주고 후계자(제자)는 선배(멘토) 전문가상과 그 실천을 모델로 하여 체득하고 당당하게 한 명의 전문가로서 자립해 간다. 전문가가 직무에서 활용하는 고도의 기법은 전문가 공동체에서의 선배를 모델로 하는 장기간에 걸친 전승과 모방을 통해 배울 수 있는 것이다.

교사 전문성의 문제 영역

    교사의 장인성이 전문가 공동체의 경험과 전승과 모방을 기반으로 하는 것에 비해서 교사의 전문성은 의사나 변호사와 마찬가지로 전문적인 지식과 이론을 기반으로 하는 '성찰(reflection)'과 '판단(judgement)' 능력으로 성립한다. 연구자의 교육과 배움도, 전문적인 지식과 이론을 기초로 하고 있지만, 전문가의 교육과 배움이란 목적과 내용을 달리한다. 연구자 교육과 배움은 학문연구의 전승과 새로운 지식의 창조를 목적으로 하고 있지만, 전문가의 교육과 배움은 학문연구의 지식을 활용한 성찰과 판단을 목적으로 하고 있다. 전문가의 성찰과 판단은 전문적 지식과 현실과의 결합, 과학적 지식과 구체적 경험의 결합에 기초하고 있으며, 이론과 실천의 통합에 의해 교육되고 배울 수 있다. 따라서 전문가 교육(배움)의 본질은 '이론과 실천의 통합'에 있다.

    교사의 전문성에 관해서 다음 3가지 문제 영역에서 연구가 이루어지고 논의되어 왔다. 첫째는 교사 전문성의 내실이 되는 실천적 지식과 실천적 견식에 관한 문제 영역이다. 둘째는 교사 전문성의 교육과 배움의 본질인 '이론과 실천의 통합'을 실현하는 사례연구에 관한 문제 영역이다. 세 번째는 교사 전문성의 기초가 되는 '지식 기초'가 무엇인가라는 문제 영역이다.

① 실천적 지식과 실천적 견식

'실천적 지식'이란 '실천에서 기능하고 있는 지식(knowledge in practice)'을 의미한다. 교사는 어떤 실천적 지식을 형성하여 활용하며 전문가로서 실천을 수행하는 것일까? 이 문제는 교사교육 개혁이 각국에서 본격화한 1980년대 이후 교육학 연구의 중심 주제의 하나로 논의되어 왔다. '실천적 지식(practical knowledge)'은 죠셉 슈왑이 1960년대에 지적한 것과 같이 '이론적 지식(theoretical knowledge)'과 다른 성격을 지니고 있다. 이론적 지식은 객관적, 보편적, 일의적, 한정적이고 개념화되어 엄밀하게 명제화된 지식이다. 그에 비해서 '실천적 지식'은 개인적, 상황적, 경험적, 다의적이고 절충적인 지식이다. 그것만이 아니다. 실천적 지식은 감(느낌)이나 비법처럼 언어화나 개념화가 곤란한 지식이며, 무의식으로 기능하고 있는 암묵지(tacit knowledge)를 포함하여 성립하고 있다.

실천적 지식의 교육과 배움의 어려움은 자전거 타는 것에 대한 교육과 배움의 예를 생각해 보면 명확하다. 자전거를 못 타는 사람에게 타는 것을 가르칠(배울) 때 어떤 가르치는 방식(배우는 방식)이 가능할까? 자전거를 못 타는 사람은 자전거를 타는 실천적 지식을 보유하고 기능시키고 있다. 그러나 그것을 가르치는 것이 가능할까? 핸들을 잡는 방법, 중심의 이동, 페달을 밟는 방법 등 아무리 전달해도 학습자는 자전거를 탈 수 있게 되지는 않을 것이다. 즉, 자전거를 탄다고 하는 실천적 지식은 그 자체가 암묵지로서 획득되고 기능하고 있어 자전거를 타는 사람도 그 실체를 타자에게 전달 가능한 지식으로서 인식하고 있는 것이 아니다. 교사가 전문가로서 성찰과 판단으로 활용하는 실천적 지식도 마찬가지이다. 그렇다고 한다면 교사가 기능시키는 실천적 지식의 실체는 무엇이며, 어떻게 교육(배우게)하는 것이 가능할까?

실천적 지식을 총합하여 성찰과 판단하는 깊은 사려를 '실천적 견식(practical wisdom)'이라고 한다. 실천적 지식이 개개 사례에 입각한 지식이나 인식이라는 것에 비해서 실천적 견식은 그것들을 총합하여 수행되는 실천적 사고(디자인, 실천, 성찰에서의 사고)의 기초가 되는 '견식'이다. 전문성을 갖춘 교사의 성찰과 판단은 사려 깊고 구체적이고 적확하며 설득력이 있다. 이 실천적 견식은 풍부한 경험에 의해 배양된 이론과 철학이라고 해도 좋을 것이다. 사려 깊은 교사의 실천은 이 실천적 견식에 의해 지탱된다. 그렇다고 한다면 사려 깊은 교사의 실천적 견식은 어떻게 배울 수 있을까?

② 케이스 메소드(case method)

전문가 교육(전문가의 배움)의 본질은 '이론과 실천의 통합'에 있으며, 이 본질은 케이스 메소드에 의해 수행되어 왔다. 의사교육에서는 임상연구(clinical studies)에 의한 콘퍼런스, 법조교육에서는 판례연구(case studies)이다. 마찬가지로 교직 전문성을 개발하는 교육에서는 수업실천의 사례연구가 전문가 교육의 중핵으로 자리 잡지 않으면 안 된다.

전문가 교육의 중핵에 케이스 메소드가 자리 잡게 된 것은 지금으로부터 거의 150여 년 이전의 하버드대학교 로스쿨에서였다. 변호사 교육이 전문학교에서 대학의 법학부로 이행한 단계였다. 그 후 케이스 메소드는 법조의 전문가 교육뿐만 아니라 의사의 전문가 교육, 건축가의 전문가 교육, 임상심리사의 전문가 교육, 비즈니스 컨설턴트 전문가 교육으로 보급되어 전문가 교육 교육과정과 배움의 중핵에 자리 잡고 있다.

케이스 메소드의 달인으로 평가되는 하버드대학교 경영대학원의 롤런드 크리스텐센(Roland Christensen) 교수가 제창하고 있는 것처럼 케이스 메소드의 중요한 핵심은 '성찰과 판단의 교육(education of reflection and judgement)'에 있다. 그러나 전문가 교육의 역사를 회고하면 케이스 메소드에는 두 가지 전통이 공존하고 있음을 알 수 있다. 하나는 케이스 메소드를 실천적인 문제해결을 위한 전문적인 개념이나 원리나 기술이나 이론을 교육하는 방법으로 활용하는 전통이다. 또 하나는 케이스 메소드에 의해 실천적인 문제해결을 위한 사고 방법을 교육하는 전통이다. 하버드대학교의 로스쿨은 100년 넘게 'Think like lawyers(법률가답게 생각하라)'라는 표어를 내걸고 법조교육을 해 왔지만, 이 표어는 전문가 사고 양식의 형성을 케이스 메소드의 목적으로 생각하는 입장을 표명하고 있다.

교사의 전문가 교육에서 케이스 메소드를 중핵으로 삼는다고 한다면, 앞의 두 가지 전통 가운데 어느 쪽을 채용해야 할까? 그것을 묻기 전에 원래 복잡하고 불확실성에 뒤덮인 교직의 전문가 교육에서 의사나 변호사나 건축가의 전문가 교육과 같은 케이스 메소드가 유효하게 기능할 것인가? 교사의 전문가 교육에 어울리는 케이스 메소드는 어떻게 조직되어야 할 것인가?

교사교육의 케이스 메소드는 교사교육 교육과정에서의 '실천연구(practical research)', '액션리서치' 또는 '임상 경험(clinical experience)'으로 구체화되어 왔다. 그리고 최근 20년 사이에 폭발적으로 보급되고 있는 것이 '레슨 스터디(lesson study)'라 불리는 수업연구이다. 앞서 기술한 바와 같이 '레슨 스터디'는 일본 교내연수에서 이루어지고 있는 '수업연구'의 영역이며, 지금은 세계 각국에서 교직 전문성을 개발하는 가장 유효한 방법으로 양성교육과 현직교육 양쪽에서 모두 활용되고 있다.

교사의 전문가 교육에서의 케이스 메소드는 의사교육이나 변호사교육과 건축가교육처럼 세련된 양식으로 만들어져 있지는 않지만, 다양한 목적에서 다양한 접근이 공존하고 있는 상태이다. 프로그램으로는 '효과적인 수업'을 위한 수업 기술 훈련에 케이스 메소드가 활용되고 있으며, 어떤 프로그램에서는 교육학과 학습과학의 개념과 이론 교육을 위해 활용되고 또 다른 프로그램에서는 수업실천의 진단과 평가를 위해서 활용되고 있다. 접근도 다양하다. '실습체험', 필드워크, 액션리서치에 의한 것도 있는가 하면 '레슨 스터디(수업연구)'에 의한 방법도 있다. 같은 '레슨 스터디'에 의한 것이라도 수업자의 실천보고(내러티브)에 의한 것이 있는가 하면, 교실에서의 직접 관찰에 의한 것도 있으며 수업실천의 영상기록에 의한 것도 있다. 이러한 다양한 케이스 메소드를 어떻게 통합하고 어떻게 다듬어 갈 것인가는 교사교육의 중요한 연구과제이다.

③ 지식 기초를 둘러싸고

전문가 교육은 '이론과 실천의 통합'을 목적으로 하는 케이스 메소드와 함께 전문성의 '지식 기초(knowledge base)' 교육에 의해 조직되고 있다. 그러나 전문가로서의 교사가 실천에서 활용하고 있는 지식(knowledge in practice) 영역은 광범위하며 복합적이다. 교과의 내용적 지식, 교과 교육법의 지식, 교육과정의 이론, 교육 철학. 교육과 학습심리학, 교육사회학, 교육사, 수업과 배움에 관한 과학적 지식, 교실과 학교의 경영학, 교육행정학과 교육법학, 교육의 맥락에 관한 사회학, 교직의 사명, 학교의 공공성에 관한 지식 등 실천에서 온갖 영역의 지식을 교사는 끌어와 통합하여 활용하고 있다. 게다가 수업실천에 관한 전문적 지식에 한정하여 보더라도 그 전문적 지식은 방대할 뿐만 아니라 어느 지식할 것 없이 복합적이며 불확실성에 지배되고 있다. 이처럼 교사의 전문적 지식은 무경계성과 복합성과 불확실성을 특징으로 하고 있다. 교직의 전문적 지식이 무경계성과 복합성과 불확실성으로 특징지어진다고 하면 교직 전문성의 '지식 기초'는 전문가 교육에서 어떻게 조직되어야 할까?

교사교육의 역사는 교직의 '지식 기초'가 시대에 따라 변화해 왔음을 보여주고 있다. 교사교육이 사범학교에서 시작된 19세기 후반에 '지식 기초'는 교육사와 교육심리학과 학교교육학(수업기술, 교과내용)의 3가지로 조직되어 있었다. 20세기에 사범학교가 교육대학 나아가서는 대학의 학부교육으로 업그레이드된 단계에서 이 3개 영역에 교실경영, 학교경영, 교육과정, 교육행정의 전문적 지식이 더해져서 1980년대 이후 교직의 고도화와 전문직화의 진전과 함께 그에 더해진 학습과학과 교과 내용적 지식의 비중이 높아지고 케이스 메소드에 의한 이론과 실천의 통합이 교육과정의 중핵으로 위치하고 있다.

그리고 오늘날 교사의 전문가 교육의 '지식 기초'는 글로벌 스탠더드를 형성하고 있다고 해도 좋다. 그 '지식 기초'의 개요를 정리하면 '시민적 교양(liberal arts, general education)', '교과 교양(curriculum knowledge, content knowledge)', '교직 교양(professional knowledge)으로 조직되어 있다. 이 3개의 영역 가운데 '시민적 교양'과 '교과 교양'은 보통 대학 학부 단계(학사 수준)에서 교육되며, '교직 교양'은 협의의 전문가 교육으로 대학원(석사 수준)에서 교육하는 것이 현재의 글로벌 스탠더드이다.

'지식 기초' 개혁에서 문제가 되고 있는 것은 다음과 같다. 하나는 교과 교양의 수준과 대우이다. 지식기반사회를 맞이하여 '교과 교양'은 고도화의 요구와 동시에 수업과 배움 양식의 전환에 의한 창조적 사고와 비판적 사고에 의한 탐구적 사고 및 협동적 사고 교육의 요청에 응할 필요를 강요받고 있다. 수학 교사 교육을 예로 들면, 최첨단 수학 지식에 정통할 뿐만 아니라, 그것을 전달하고 설명하는(teaching math) 수업이 아니라 창조적이고 비판적인 사고로 탐구적인 동시에 협동적인 배움으로 학생이 달성하도록(doing math) 번안한 지식으로 체득하는 것이 전문가 교육에서 요구되고 있다. 이처럼 교과의 내용 지식(content knowledge)을 수업과 배움의 과정에서 번안한 지식을 리 슐만은 '수업과 배움으로 번안한 교과내용의 지식(Pedagogical Content Knowledge, PCK)'이라 부르고 교사 전문성의 중핵을 이루는 것으로 자리매김했다. 이 제안이 교사교육 개혁에 미친 영향은 크며, 어느 나라나 교사교육 개혁에서 '지식 기초'의 중핵은 리 슐만이 제창한 PCK에 두고 있는 경향을 볼 수 있다.

또 하나의 문제는 '교직 교양'의 지식 내용의 선택과 구성을 둘러싼 문제이다. 교사의 전문가 교육에서 '지식 기초'가 되는 교육학 지식은 어떤 것일까 하는 문제이다. 세계 각국의 교사교육 개혁 현상을 보면, 이 문제에 관해서 지금 당장 표준형을 이끌어낼 만큼 합의를 이루고 있다고 말하기는 어렵다. 다양한 '지식 기초'가 공존하고 있는 것이 현재 상황이다. 그러나 몇 가지 특징을 제시할 수 있다.

첫 번째 특징은 '교직 교양'의 '지식 기초' 구성이 종래 교육학의 전문 분화에 따르는 것에서 경계를 넘어 종합적인 구성으로 이동하고 있는 것이다. '교육사', '교육철학', '교육심리학'에 의해 교원양성의 '교육원리'를 구성하던 것은 1930년대 산물이며, 이제 더 이상 이 편성에 따라 '교직 교양'의 '지식 기초'로 삼는 나라는 존재하지 않는다.

두 번째 특징은 '교직 교양'의 '지식 기초' 구성이 문제 해결적인 실천연구와 결합되어 재구성되고 있는 것이다. 이 경향은 의사교육 등 다른 전문가 교육에서도 현저하며, 문제해결학습(problem based learning, PBL) 또는 튜터리얼 시스템으로 구체화되고 있다. 그 전문가 교육의 방식이 교사교육에서도 구현되고 있다고 할 수 있다.

세 번째 특징은 교사의 전문가 교육 개혁과 동반하여 교육학 연구 자체가 변용하고 있다는 것이다. 미국의 교육학 연구를 예를 들자면, 1980년대까지의 교육학 연구에서 교사교육을 전문적으로 연구하는 연구자는 거의 없었고 학술논문도 거의 전무한 상태였던 것에 비해서 1980년대부터 현재까지 교사교육 연구가 교육학 연구의 중심 영역이 되고 있으며, 가장 논문 수도 많은 영역이 되고 있다. 교육학 연구는 아동 교육에서 교사교육으로 이동되었다고 해도 과언이 아닐 정도다. 이와 함께 교육학의 전문 분화의 벽도 극복되고 있다. 일본에서는 믿을 수 없겠지만, 교육행정학을 전문으로 하는 교육학자가 수업연구 전문가라는 것도 신기한 일이 아니다. 이 경향은 미국뿐만이 아니라 국제적인 동향이다. 교사교육 개혁은 세계 각국의 교육학 연구의 활성화와 패러다임의 전환을 불러일으키는 기폭제가 되고 있는 것이다.

교사교육을 위한 교육과정 개혁

　교사는 교육과 배움으로 교사가 된다. 21세기라는 시대에 걸맞은 교육 전문가로서 교사가 교육되기 위해서는 어떤 교사교육 교육과정(양성과 연수)이 준비되어야 할까? 이 물음에 대답하기 위해서는 3가지 문제가 검토되지 않으면 안 된다. 첫째는 교사 전문가상의 검토이다. 둘째는 '면허장주의'에 의한 교육과정에서 '교직 전문성 기준'에 의한 교육과정으로의 이행 전망이다. 셋째는 교사 교육과정 구상과 계속성의 검토이다. 이 장에서는 이 3가지 논제를 검토하고 교직 전문직화를 촉진하는 교사교육 교육과정의 그랜드 디자인을 제시하고자 한다.

'기술적 숙달자'에서 '반성적 실천가'로

세계 각국에서 최근 30여 년간 추진되고 있는 교사교육 개혁은 공통된 전문가상을 내세우고 있다. '반성적 교사(reflective teacher)'라는 전문가상이 그것이다. '반성적 교사'란 어떤 교사이며, 어떤 전문가상일까?

'반성적 교사'라는 개념은 1980년대 이후 의사, 변호사, 건축가, 임상심리사, 비즈니스 컨설턴트 등에서 내세워 온 '반성적 실천가(reflective practitioner)'라는 새로운 전문가상에 대응하는 것이다. 이 새로운 전문가상을 제시한 것은 듀이의 탐구 철학의 연구자인 도널드 숀이다. 숀은 『반성적 실천가-전문가는 행위에서 어떻게 사고하는가』(1983)에서 19세기 후반 이후 근대주의적인 전문가 개념이 현대의 복잡한 사회에서는 붕괴하고 있다고 지적하며, 건축가나 도시설계자나 임상심리사 등의 전문적 실천에 관한 연구를 기초로 하여 새로운 전문가가 새로운 실천적 인식론에 기초한 실천을 추진하고 있다는 것을 제시했다. 이 전문가상의 변화를 숀은 '과학적 기술의 합리적 적용(technical rationality)'을 실천 원리로 하는 '기술적 숙달자(technical expert)'에서 '행위 중의 성찰(reflection in action)'을 실천적 인식론으로 하는 '반성적 실천가'로의 이행으로 이론화하고 있다.

숀의 탁견에서 보여주고 있는 바와 같이 근대 전문직은 전문 분화한 과학적 기술을 실천에 응용함으로써 전문가의 실천을 수행해 왔다. 그러나 현대에서는 이러한 전문 분화한 과학적 기술에 의거한 전문가는 시민의 요청에 거의 응답하지 못하고 있다. 왜냐하면, 현대사회에서 일어나는 의료, 소송, 건축, 도시계획, 교육, 경영, 임상 심리 등의 여러 문제는 어느 것 할 것 없이 복합적인 문제이며 복잡한 맥락에서 생겨나고 클라이언트와의 신뢰와 연대를 필요로 하고 다른 전문가와의 협동을 필요로 하는 문제이다. 전문 분화한 과학적 기술의 적용만을 행하고 있는 전문가는 산 정상에서 수렁에서 허덕이는 시민의 문제 해결에는 어떤 공헌도 할 수 없다. 전문가 자신이 수렁으로 내려와 시민과 연대하고 복잡함과 불확실성이 지배하는 현실과 격투하지 않으면 안 된다. 이 새로운 전문가들이 의거하고 있는 것은 '과학적 기술의 합리적 적용'의 원리가 아니라 현실과 경험으로부터 배우고 모든 지식과 경험을 통합하는 '실천적 인식론'이며 '행위 중의 성찰'이라고 숀은 지적한다.

이 책이 전문가 실천과 전문가 교육에 끼친 영향은 크고 세계 각국의 의사교육, 법조교육, 건축가교육, 카운슬러 교육, 비즈니스 컨설턴트 교육이 '반성적 실천'이라는 전문가상에 대응하여 개혁되어 왔다. 교사교육 개혁도 마찬가지다.

나는 숀의 저서를 하버드대학의 서점에서 발견하고 재빨리 일본에 소개했다. 나의 소개에 제일 먼저 대응한 것은 건축가이며, 다음은 의사교육에 종사하는 사람들이며 그리고 법조교육, 나아가서는 공학의 기술자교육에 종사하는 사람들이었다. 특히 의사교육, 건축가교육, 엔지니어교육에서는 'PBL(project based learning, 과제해결학습)', '튜터리얼'이 전문가 교육의 교육과정 개혁의 중핵이 되어 왔다. '반성적 실천가'를 양성하는 전문가 교육이 탐구되어 온 것이다.

전문가상의 전환과 권한 구조의 변용

'기술적 숙달자'에서 '반성적 실천가'로의 전문가상의 전환은 전문가 교육 교육과정의 구조와 지식의 권력 관계 및 전문가와 클라이언트의 권력 관계에 변용을 가져오고 있다.

'과학적 기술의 합리적 적용'을 실천 원리로 한 근대주의적인 전문가 개념에서 전문가 교육은 '기초과학'에서 시작하여 '응용과학(기술)'으로 나아가 마지막에 '실습지도'로 완결하고 있다. 이 교육과정 구조는 의사교육, 법조교육, 교사교육에서 같은 형태의 구조를 가지고 있다. 교사교육의 경우도 '교육원리'(기초과학)에서 시작하여 '교과 교육법'(응용과학(기술))으로 나아가 마지막에 '교육실습'이 행해져 왔다.

여기에서 중요한 것은 이 일련의 지식에서 '기초과학'이 가장 높은 지위에 놓이고, '응용과학(기술)'이 그 아래에 놓이고, 가장 아래에 '실천'이 놓이는 지식의 권력 위계가 형성되어 있다는 것이다.

의학부에서도 법학부에서도 '기초과학' 교수가 가장 높은 위치에 있으며, 무엇보다도 가장 권력을 쥐고 있으며, 그 밑에 '응용과학' 교수가 위치하며, 실천에 종사하는 임상 의사와 그 연구자는 가장 낮은 약한 입장에 있다. 교사교육에서도 마찬가지이다. 교육학 지식에서도 '기초과학'이 되는 교육철학과 교육사와 교육사회학 교수가 가장 높은 지위에 있고, 각 교과 교육학이나 교과 교육법 교수는 그 밑에 위치하여, 교육 실천 연구자나 교사는 가장 학문적으로 낮게 간주되어 왔다. '반성적 실천가'를 표방하는 전문가상은 이 전문가 교육의 지식 권력 구조에 변용을 촉구하고 있다.

그리고 근대적인 전문가와 클라이언트의 관계는 권위적 관계이며 권력적 관계였다. 의사와 환자, 교사와 학생 관계는 권위적 관계이며 권력 관계였다. 그러나 '반성적 실천가'의 전문가 개념에서의 전문가와 클라이언트 관계는 클라이언트가 안고 있는 문제를 함께 협동으로 해결하는 연대의 관계로 재구성되어 있다. 일본 의사회도 현재에는 '의사와 환자의 관계'에서 '환자에 대한 완전한 충성'을 의사의 필수 윤리로 내세우고 환자의 의사에 따라 의료를 결정하는 '사전 동의(informed consent)'를 내걸고 있다.

의사교육이나 법조교육만큼 두드러지지는 않지만, 교사교육에서도 '반성적 실천가'라는 전문가상은 교사의 학생에 대한 권위적 관계나 권력적 관계를 재구성하는 계기를 만들고 있다. 그 한 예가 '배움의 전문가로'라는 전문가상의 전환이다. '21세기형의 교사는 가르치는 전문가만이 아니라 배우는 전문가가 되지 않으면 안 된다'고 한다. '배움의 전문가'로서의 교사는 '반성적 교사'이며, 학생을 가르치는 것만이 아니라 스스로가 '배움의 전문가'로서 실천의 성찰과 숙고를 통해서 계속 배우는 교사를 의미한다.

물론 '반성적 실천가'라는 새로운 전문가상을 표방하는 개혁이 모두 순조롭게 진행하고 있는 것은 아니다. 가장 큰 곤란은 신자유주의 책무성 정책(어카운터빌리티 정책)에 의해 생겨나고 있다. 신자유주의 정책은 전문가의 활동 공간인 공공성을 해체하고, 전문가의 지위와 자율성과 대우는 위협받고 의사, 교사, 변호사, 건축, 카운슬러의 경제적 대우도 열악 일로에 놓여 있다. 전문가와 클라이언트의 관계도 '응답 책임의 관계'에서 '서비스 관계'로 그 모습을 바꾸고 전문가의 책임도 '응답 책임'에서 '설명 책임'으로 전환되고 있다.

그 가운데에서도 교사의 경우는 책무성(어카운터빌리티) 정책의 폐해가 크다. 신자유주의에 의해 교사와 클라이언트(부모와 아이)의 관계는 '함께 아이를 서로 키우는 책임' 관계에서 교사가 부모나 아이에게 일방적으로 봉사하는 '서비스 관계'로 전환하여 책임을 서로 공유하는 연대를 붕괴하고 어느 학교에서나 부모나 교사, 학생과 교사 간의 불신 관계가 심각해지고 교사는 전문가로서의 실천을 수행하는 것이 곤란한 상황에 놓이게 되었다.

'반성적 실천가'라는 전문가상도 책무성 정책하에서는 그 현실은 용이하지 않다. 책무성 정책에서 요구하는 것은 교육행정이 요구하는 과제(학력 향상 등)를 효과적으로 수행한 '유능한 교사(effective teacher)'이며, 고도의 전문성에 의해 질 높은 교육을 실현하는 '사려 깊은 교사(thoughtful teacher)'가 아니다. 현실에서 교사는 이 딜레마의 한 가운데 놓여 있다.

이론(연구)과 실천의 통합

전문가 교육의 중핵은 '이론과 실천의 통합'에 의한 '성찰(reflection)'과 '판단(judgement)'의 교육이다. 따라서 전문가 교육은 '이론과 실천의 통합'을 실현하는 케이스 메소드(case method)를 중심으로 교육과정이 조직되어 왔다. 의사교육에서 임상연구(clinical studies), 변호사교육에서의 판례연구(case studies)가 전문가 교육의 케이스 메소드의 전형이다. 교사교육에서도 전문가 교육으로서의 내실을 갖춘 교육과정을 개발한다고 하면, 케이스 메소드에 의한 이론과 실천의 통합이 교육과정의 중핵에 자리 잡지 않으면 안 된다. 그것은 어떻게 하면 가능할까?

교사교육에 한정하지 않고 전문가 교육에서의 이론과 실천은 3가지 관계를 가지고 있다. 첫 번째, 이론과 실천의 관계는 '이론의 실천화(theory into practice)'라는 입장이다. 이 입장에서는 실천은 이론의 적용 영역이다. 근대주의적인 전문가 개념의 '과학적 기술의 합리적 적용'을 실천으로 보는 방식이 바로 이 입장이다. '이론의 실천화'는 실증주의 과학의 발전에 의해 전문가의 연구와 실천에 침투했다. 학교 교육과 교사교육 영역에서는 행동과학에 기초를 둔 교육연구와 교육실천에서 두드러졌다. 그 전통은 1910년대부터 1970년대까지 계속되었다. 그 특징은 '예측 가능성'과 '재현성'에 있다. 'if... then...'이라는 인과관계(독립변수와 종속변수의 관계)를 나타내는 이론을 적용하는 것이 실천자의 과제가 되었다. 이 입장에서는 '가장 유효한(정확한) 방법'이 한 가지 있다고 가정되고 그것을 실증하는 과학적 연구에 의해 실천이 개선되는 것이다.

두 번째, 이론과 실천의 관계는 '실천의 이론화(theory through practice)' 입장이다. 이 입장에서는 훌륭한 실천의 일반화 또는 전형화에 의해 훌륭한 실천을 낳은 일반적인 원리나 기술을 추출하는 것을 추구한다. 이 입장은 2차 대전 이후 일본 교육학 연구에서 현저했으며, 교사들의 민간연구단체 교육연구에서는 현재도 주요한 계보이다. 수업실천에서 전형화를 추구하는 것은 중요하며, 다양한 전형 사례를 교사 사이에서 공유하는 것은 교육실천의 개선과 교사의 성장에서 유효하다. 그러나 이 입장에도 난점이 있다. 우선, 훌륭한 실천의 전형화에 의해 일반적인 원리나 기술을 추출하는 것이 쉽지 않다. 만약에 그것이 가능하다고 해도 이론화된 일반적인 원리나 기술이 어떤 교사에게나 어떤 교실에서나 유효할지

어떨지는 별개의 사항이다. 원래 '훌륭한 실천의 전형화'라고 이야기하지만, 교육처럼 다원적이고 복합적인 가치를 지닌 영역에서 무엇이 훌륭한 실천인가를 특정하는 것은 불가능하다.

세 번째, 이론과 실천의 관계는 '실천 속의 이론(theory in practice)'을 연구하는 입장이다. 이 입장에서는, 모든 교육실천은 의식적, 무의식적인 이론을 내포하고 그 이론에 의해 수행되고 있다고 생각한다. 즉 실천에 내재하는 이론을 성찰하고 그 이론을 안에서 성찰하고 변용함으로써 실천을 개선하는 것을 요구한다.

반성적 실천가를 표방하는 현대의 교사교육 개혁은 이 3가지 입장 가운데 주로 세 번째 입장인 '실천 속의 이론'의 성찰(reflection)과 숙고(deliberation)에 의해 이론과 실천의 관계를 구축하고 있다. 반성적 실천가를 특징짓는 '행위 가운데 성찰'이라는 실천적 인식론은 '실천적 지식(knowledge in practice)'과 '실천적 사고(thinking in practice)' 혹은 '실천적 견식(practical wisdom)'의 개발을 교사교육 목적의 하나로 하고 있다.

교사의 실천적 지식

교사가 실천에서 기능시키는 지식을 '실천적 지식'이라고 부른다. 이 실천적 지식의 성격을 어떻게 규정하고 어떻게 유효하게 교사교육에 조직할 것인가가 교사교육 교육과정 개발의 중심과제이다. 이 때문에 최근 30년간 세계 교사교육 연구자들은 교사의 실천적 지식의 성격과 개발 방법을 연구해 왔다. 그 가운데에서도 미국의 리 슐만이 제기한 '수업과 배움으로 번안한 교과내용 지식(Pedagogical Content Knowledge, PCK)은 교사가 보유해야 할 전문적 지식의 중핵으로 자리 잡아 왔다.

PCK를 교사의 전문가 교육의 중심으로 하는 원리는 현재, 세계 교사교육 개혁의 글로벌 스탠더드가 되고 있다. 그 의의는 3가지이다. 첫째, 교사교육에서의 내용 지식(content knowledge)과 교육학 지식(pedagogical knowledge)과의 접합을 교사의 전문적 지식의 중핵으로 자리매김한 것이다. 둘째는 PCK에 의해 교사교육에서의 교과의 학문 지식의 중요성을 높임과 동시에 그 수업과 배움에서의 기능의 중요성을 고조시킨 것이다. 셋째는 교과내용을 수업과 배움의 과정으로 번안하는 교육학적 추론(pedagogical reasoning)의 중요성이 인식된 것이다. 일본에서 PCK에 관해서는 지금까지 교과교육 연구가 중요한 공헌을 해 왔다.

PCK에 착안한 교사교육 교육과정 개발에서는 그 전통을 계승할 필요가 있으며, 동시에 교과의 학문 지식과 교직 전문의 배움에서의 PCK와의 연결이 한층 강화될 필요가 있다. 일반적으로 말해서 일본의 교사는 교과서의 지식을 가르치는 것에는 우수하지만, 교과서의 지식을 학문 배경과 연결하여 발전적으로 가르치는 것에는 불충분하며, 교과서 지식을 학문의 배움으로써 학생들이 탐구할 과제로 디자인하는 능력에서 불충분하다. 이는 교과(학문)내용을 번안한 PCK 지식에서의 불충분함과 함께 PCK를 실현하는 교육학적 추론이 불충분함을 의미한다.

PCK처럼 수업실천에서 교사가 기능시키는 지식을 '실천적 지식'이라고 부른다. 교사의 전문가 교육이란 이 실천적 지식의 개발과 전승에 의한 교육이라고 해도 좋을 것이다. 그러나 교사의 전문가로서의 실천은 '보이지 않는 실천(invisible practice)'이다. 교사가 수업실천에서 기능시키는 실천적 지식은 교사의 디자인과 성찰과 숙고와 판단에서 기능하고 있는 지식이며, 밖으로부터는 보이지 않으며, 교사 자신에게도 무의식의 암묵지로서 기능하고 있는 부분이 많다. 그 개발과 전승이 용이한 것은 아니다.

교사의 실천적 지식의 특징은 다음 5가지 점에 있다. 첫째, 개인적이라는 것이다. 교사의 실천적 지식은 개인의 경험과 배움에 뿌리를 둔 지식이며, 각각의 교사에게 개인화되어 있다. 두 번째 특징은 경험적 지식이라는 것이다. 교사의 실천적 지식은 자타의 경험으로부터 배운 지식이며, 각각의 실천적 지식은 구체적인 경험과 연결되어 있다. 세 번째 특징은 상황적 지식이라는 점이다. 교사의 실천적 지식은 교육실천이 수행되는 상황에 박혀있는 지식이다. 그것은 각각의 교사가 실천을 수행하는 상황 속에 있으며 그 상황에서 기능한다. 네 번째 특징은 사례지식이라는 것이다. 교사의 실천적 지식은 구체적인 실천 사례와 연결되어 있다. 다섯 번째 특징은 감(感)이나 비법이나 암묵지를 포함하고 있다는 것이다.

이처럼 실천적 지식은 ① 개인적 지식, ② 경험적 지식, ③ 상황적 지식, ④ 사례지식, ⑤ 암묵지라고 하는 특징을 지니고 있다. 이러한 특징을 지닌 실천적 지식은 어떻게 개발, 전승되고 배울 수 있을까?

케이스 메소드에 의한 실천적 사고의 형성

전문가 교육의 본질은 이론과 실천의 통합에 있으며, 그것을 실현하는 방법으로서 케이스 메소드가 양성과 연수 교육과정의 중심에 놓여야 한다. 그러나 현재의 교사교육 교육과정에서는 케이스 메소드가 교육과정의 중심을 차지하지 못하고 있다.

교사의 전문가 교육에 케이스 메소드를 도입한다고 할 때 전문가 교육의 케이스 메소드에는 두 가지 형태가 있다는 것을 인식해 둘 필요가 있다. 케이스 메소드는 하버드대학의 로스쿨에서 1860년대에 개발한 이후 사례연구를 통해서 이론과 지식을 가르치는 유형과 사례연구를 통해서 전문가다운 사고 양식을 가르치는 유형의 두 가지가 병존해 왔다(5장 참조). 전자는 의사교육의 임상연구에서 일반적이며, 후자는 변호사교육('Think like lawyers'의 전통)에서 일반적이다. 교사교육에서는 어느 유형이 유효할까?

  교사교육 교육과정의 동향을 살펴보면, 교양교육 교육과정에서 케이스 메소드는 이론과 지식을 교육하는 목적으로 활용되고, 현직교육 교육과정에서는 실천적 사고를 교육하는 목적으로 활용되는 경향을 확인할 수 있다. 실천 경험을 가지고 있지 않은 학생을 교육하는 양성교육 과정에서의 케이스 메소드는 전문적인 지식과 이론의 배움이 연결될 때 유효하며, 실천 경험이 있는 현직연수 교육과정에서의 케이스 메소드는 실천적인 문제의 성찰과 숙고와 해결을 위한 사고 양식의 배움으로 활용될 때 유효하다.

  교사의 현직교육으로서의 케이스 메소드에서 전문가로서 숙달된 교사는 특징적인 실천적 사고 양식을 형성하고 있음을 인식할 필요가 있다. 신규 교사와 우수한 숙련교사의 실천적 사고에 대한 비교연구(佐藤, 秋田, 岩川 1991) 결과에 의하면, 우수한 숙련교사는 전문가로 불릴만한 실천적 사고 양식을 형성하고 실천에서 기능시키고 있다. 그 실천적 사고 양식은 나의 실증적 연구(1991)에 의하면 다음 5가지 특징이 있다.

① 즉흥적 사고
② 상황적 사고
③ 다원적 사고
④ 맥락화된 사고

⑤ 리프레이밍(사고의 재구성)

①의 즉흥적 사고는 수업실천 속에서 복잡한 일에 즉흥적으로 대응하는 사고 양식이며, ②의 상황적 사고는 늘 실천 상황에 몸을 두고 사고하는 양식이며, ③의 다원적 사고는 교실에서 일어나는 일들을 다양한 관점에서 복안적으로 사고하는 양식이며, ④의 맥락화된 사고는 교실에서 일어나는 일의 의미와 관계를 맥락에 입각하여 추론하는 양식이며, ⑤의 리프레이밍은 실천 과정에서 끊임없이 사고를 재구성하는 양식이다. 이 연구가 시사하는 것처럼 전문가로서의 교사는 '행위 가운데 성찰'함으로써 실천을 수행하고 있으며, 전문가다운 실천적 사고 스타일을 형성하고 활용하고 있다. 현직연수에서의 케이스 메소드는 이 전문가다운 실천적 사고 스타일을 교육하는 데 있어서 유효성이 두드러진다.

'면허장주의'에서 '교직 전문성 기준'으로

전문가 교육으로서의 교사교육 교육과정 개발과 실천의 전제로서 '교직 전문성 기준(teaching professional standards)'이 확립되지 않으면 안 된다. 전문성 기준은 전문가상을 기준에서 명시하는 것이며, 양성, 연수, 채용, 평가 기준이 되는 것이다.

그러나 일본의 교사교육에서는 '전문성 기준'은 확립되지 않고 '면허장주의'에 의해 교사교육 교육과정이 구성되어 왔다. 이 전문성 기준이 빠진 교사교육은 일본 교사교육의 최대 결함이라고 할 수 있을 것이다.

교직 전문성 기준은 어떻게 확립해야 할까? 세계 각국의 교직 전문성 기준 제도를 비교하면 두 가지 유형이 있다. 하나는 영국을 전형으로 한 교육행정에 의해 전문성 기준을 확립하여 표준화한 유형이다. 또 하나는 미국을 전형으로 한 자율적인 전문가협회에 의해 전문성 기준을 표준화한 유형이다. 이 두 가지 어느 유형이나 일본의 현재 상황에서 생각할 때 유효성이 있다고 말하기는 어렵다. 영국을 포함한 유럽 여러 나라에서 교사교육을 담당하고 있는 대학은 전부 국립대학이며, 교육 수준도 재정 수준도 거의 표준화되어 있다. 한편 미국에서도 교사교육을 담당하고 있는 대학의 80%는 주립대학이지만, 미국에서의 교사교육의 전문직화는 교직의 자율성 확립과 불가분하게 진행되고 있다. 따라서 미국에서는 자율적인 전문가협회(전미교직전문기준위원회)에 의해 전문성 기준을 정하고 그것을 표준으로 하여 각 주의 교육위원회가 각기 전문성 기준을 정하여 그 인정을 행하고 있다.

교직 전문성 기준이 전혀 정해져 있지 않은 일본에서 교사교육의 전문직화를 실현하기 위해서는 교사교육에 종사하는 모든 기관이 자율적으로 전문성 기준을 확립하고 그것들의 총화에 의해 표준화를 지향하는 것이 가장 현실적이고 가장 유효한 방책일 것이다. 즉 교사교육을 담당하는 대학, 교원양성계의 국립대학 연합조직인 교육대학협회, 교원양성을 담당하는 사립대학 연합체, 교사교육의 과정 인정을 행하는 문부과학성, 교사 채용과 연수를 행하는 도도부현 교육위원회 각각에서 교직의 전문가상을 명시하고 교사교육(현직교육을 포함)의 전문직화의 철학과 정책을 명확하게 하는 전문성 기준을 협동으로 확립할 필요가 있다. 교육학 관련 학회도 그 확립에 공헌해야 할 것이다. 이미 일본교육경영학회는 전문성 기준 학회를 공표하고 있지만, 교육학 관련 학회는 이 전문성 기준의 확립을 지원하는 시안을 제시해야 할 것이다.

최근 효고 교육대학을 비롯해 몇몇 대학에서 교직 전문성 기준을 확립하여 그 기준에 기초한 교사교육 교육과정을 개발하는 도전이 시작되고 있다. 그 한 사례로 내가 근무하고 있는 가쿠슈인(学習院) 대학 인문과학연구과 교육학 전공(박사전기과정과 박사후기과정, 2015년 창설)에서 작성된 교직 전문성 기준을 제시하면 다음과 같다.

> **가쿠슈인대학 인문과학연구과 교육학 전공의 교직 전문성 기준**
> ① 교직의 공공적 사명을 깊이 인식하고 아이들의 배움의 위탁에 대응하는 교육과학과 학습과학을 체득한다.

② 학문적 교양과 교직 교양을 기초로 하여 교과내용과 배우는 방법에 대해서 깊은 이해를 형성한다.

③ 학교와 교실의 문화적, 사회적 맥락에 대해서 인식하고 창조성과 협동성을 계발(啓發)하는 방법으로 교육실천을 수행한다.

④ 교육실천에 대해서 반성적이고 계통적인 연구를 행하고 전문가 공동체의 일원으로서 동료성을 발휘하여 학교경영에 참가하고 교육의 질적 향상에 기여한다.

⑤ 다문화 공생과 시민성 교육·지속 가능성 교육 등 현대 사회의 과제에 관심을 갖고, 지역의 보호자와 시민과 다른 전문가와 협동하여 학교 교육의 창조적 혁신을 추진한다.

가쿠슈인대학 교육학 전공에서의 교육과정은 이 전문성 기준에 의해 개발되고 있다. 동 전공에서는 이 전문성 기준에 의해 교육과정을 '교육기초학(교육학)', '교육실천학(수업연구와 각 교과교육)', '교육창조(시민성교육, 환경교육, 볼런티어교육, 국제교육)'의 세 코스로 구성하여 교육학 전공교육과 학교 현장을 왕래하는 '학교교육사례연구'(필수)를 비롯하여 이론과 실천을 통합하는 '사례연구'를 교육과정의 중핵에 두고 전문가 교육 교육과정을 편성하고 있다.

교사교육에 관여하는 대학, 행정의 제 기관이 교직 전문성 기준을 확립하는 것은 전문가 교육으로서 교사교육을 업그레이드하는 필수 조건이긴 하지만, 그것에 머무르지 않고 '면허장주의'의 폐해를 극복하고 각 대학에서의 교사교육의 자주성과 창조성을 촉진하는 조건이 된다.

장래에는 교사의 면허·자격제도에서 면허(라이선스)와 전문직의 자격증명(서티피케이트)을 두 단계로 구분하는 것을 전망해보는 것도 가능할 것이다.(10장 참조) 면허는 교직에의 도입 단계의 최저 기준을 나타내고, 자격증명은 교사의 높은 전문성을 평가하고 증명하는 기준을 나타내는 것이 된다. 교직 전문성 기준의 확립은 이처럼 새로운 교사정책의 제도구상에 대한 전망을 여는 것이 된다.

교사교육 교육과정의 구조

전문가 교육으로서의 교사교육 교육과정 구조의 시안을 제시하고자 한다. 구조도에서 제시하고 있는 바와 같이(그림 1), 교사교육 교육과정은 '교직 전문성 기준'을 확립함으로써 '전문적 배움의 내용'이 구성된다. 그리고 '전문적 배움'의 기초로서 '지식 기초 (knowledge base)'가 자리 잡고 있다. 각각의 학습내용의 개요는 다음과 같다.

교사교육 교육과정의 '지식 기초'는 '시민적 교양'과 '교과 교양'

〈그림 1〉 교사교육 교육과정의 구조

교직 전문성 기준					
전문적 배움의 내용					
공공적 사명	실천적 지식	실천적 견식	성찰·숙고·판단	자율성	공동체
지식 기초					
시민적 교양		교과 교양		교직 교양	

과 '교직 교양'의 3가지로 구성된다(5장 참조). 전문가 교육의 전제로 교양교육의 학사학위를 요구하는 것은 전문가 교육의 글로벌 스탠더드가 되고 있다. 민주적인 시민사회 건설을 공공적 사명으로 하는 교사교육에서 '시민적 교양' 교육은 '지식 기초'의 중요한 구성요소가 된다. '교과 교양'과 '교직 교양'이 교사의 전문가 교육의 '지식 기초'가 되는 것도 자명한 사항일 것이다. 교과의 학문적 이해는 수업실천과 교육과정 개발의 기초요건이며 교사교육 교육과정의 '지식 기초'이다. 교육학의 전문적 지식도 마찬가지이다. 배움과 발달의 심리학, 수업연구의 이론, 학교경영과 교실경영 이론, 교육철학, 교육사학, 교육사회학, 교육법학과 행정학의 전문적 지식 등이 '교직 교양'의 '지식 기초'이다.

'지식 기초'를 기반으로 '전문성 기준'에 비추어 '전문적 배움

(professional studies)'이 조직된다. 이 '전문적 배움'이 교사교육 교육과정의 중심 영역이다. 그 학습내용은 구조도에서는 '공공적 사명', '실천적 지식', '실천적 견식', '성찰·숙고·판단', '자율성', '공동체'의 6개 영역으로 제시했다. '공공적 사명'은 교육의 공공철학, 교직의 사명, 교직의 전문성, 교직 윤리, 교직에 관한 법규 등이 학습내용이다. '실천적 지식'은 교사가 실천에서 기능시키는 교과내용의 지식(PCK), 수업실천에 관한 지식, 학교나 교실의 맥락에 관한 지식 등이며 '실천적 견식'은 교사가 실천 경험으로부터 배워 형성하고 있는 교육 철학 및 신조와 신념에 관한 지식이다. '성찰·숙고·판단'의 배움은 이론과 실천을 통합하는 케이스 메소드에 의해 수행된다.

'전문적 배움'의 나머지 두 가지 영역이 '자율성'의 배움과 '공동체'의 배움이다. '자율성'은 교직의 전문적 자율성을 확립하기 위한 배움이며, 교직의 자율성에 관한 법적·행정적 지식, 전문가협회에 관한 지식, 교직의 윤리강령에 관한 지식 등 교직의 응답 책임과 직업윤리와 전문적 자율성에 관한 배움을 내용으로 하고 있다. '공동체' 영역에서는 학교경영에서의 협력과 협동의 필요성, 교사연수에서의 동료성 구축, 전문가로서의 배움과 자율성의 기반이 되는 전문가 공동체의 필요성에 관한 지식이 배움의 내용이 된다.

실천 경험 · 실천연구의 개선

　전문가 교육으로서의 교사교육에서 실천 경험(임상경험)은 어떻게 조직해야 하는가? 현재의 교원양성에서 '교육실습'은 교실의 실제 체험을 통해 수업의 기초적 기능과 기초적 기술을 습득하는 것이 목적이다. 이 '교육실습' 양식은 사범학교 시대에 성립되었으며, 지도안 작성, 판서 지도, 발문 지도 등 전통적인 일제식 수업에서의 최저 기준의 기초 기능 획득을 목적으로 하고 있다. 게다가 일본의 교원양성에서의 '교육실습'은 그 양식이 오래되었을 뿐만 아니라 초등학교와 중학교 교원양성에서 5주간, 고교 교원양성에서 3주간(둘 다 사전, 사후지도를 포함)이라는 기간도 세계 최저이다. 보통 여러 외국의 '실천 경험'은 적은 곳이라도 9주이며, 표준은 15주이며, 긴 곳에서는 1년 이상인 나라도 있다. 이 시대착오적인 빈약한 실습경험을 어떻게 개선하면 좋을까?

　'교육실습' 개혁은 지금까지 많은 대학에서 노력해 왔지만, 몇 가지 제약에 묶여 왔다. 그 하나는 일본 특유의 문제로서 일반 대학의 교원양성에서 교직과정이 정규 교육과정이 아닌 선택 교육과정으로 조직되어 있기 때문에 교육실습은 정규 교육과정을 위협하지 않는 단기간 이수로 제약되어 있다. 그리고 일본에서는 교원면허 취득자가 많고 실제로 교직에 부임하는 자의 약 8배나 되는 학생이 교원면허 취득을 희망하기 때문에 실습생을 받아들이는 학교의 부담이 큰 것도 사실이다. 학교 측으로서는 교원이 되지 않는 학생을 위해 이 이상의 부담을 지는 것은 불가능하다는 사정이 있다. 또 하나의 제약은 원래 교육실습이 채용 후에 즉전력이 되는 완성교육으로 자리를 잡아 전문가 교육의 생애학습의 출발점으로서 자리매김되어 있지 않아 실체험에 의한 단기간의 훈련 이상의 역할을 맡고 있지 않다는 것에 있다.

전문가 교육으로서의 '실천 경험'에 적합한 것으로 현행의 교육실습을 장기화하고 개선하기 위해서는 근본적인 개선이 필요하다. 최근 국립대학 교원양성학부에서는 교육실습의 위상을 중시하며 교육실습을 장기화하는 경향을 볼 수 있지만, 그 개혁이 교사의 전문직성을 굳건하게 만드는 것이라고는 볼 수 없다. 왜냐하면, 학부 단계의 교육과정에서 교육실습을 장기화하고 중시하는 개혁은 교과전문과 교육학과 교과교육법과 교양교육을 압박하고 축소시키는 것이 되며, 결과로서 '전문가'가 아니라 '실무가' 양성으로 전락해버리기 때문이다. 실제, 그러한 전문성을 약화시키는 개혁 사례는 적지 않다. 전문가 교육에 걸맞은 '실천 경험'으로 교육실습을 개혁하기 위해서는 교원양성 기간을 현행의 4년에서 5~6년으로 연장하는 것을 전제로 해야 할 것이다.

전문가 교육으로서의 '실천 경험'의 위상에 대한 국제적인 개혁을 살펴보면 몇 가지 합의가 형성되어 있음을 알 수 있다. 첫째는 '실천 경험'(실습)을 대학원(혹은 학부 졸업 후의 1~2년의 교직과정)에 반년 정도 설정하여 대학 교원과 학교의 지도교원의 협동체제로 지도하는 것이다.

두 번째는 '실천 경험'을 양성교육의 마무리 단계에 두는 것이 아니라 생애에 걸친 현직교육의 출발점으로서 자리매김하는 것이다. 이 자리매김의 전환에 의해 대학의 양성교육은 학교의 현직연수와의 연속성과 계속성을 획득하는 것이 가능하게 된다.

셋째는 '실천 경험'의 배움의 내용을 대학원 수준의 배움에 걸맞은 것으로 고도화하는 일이다. 현행 교육실습은 교직에 필요한 최저 수준의 기능과 기술의 체험적인 학습 이상의 의의를 갖고 있지 못하다. 그러나 전문가 교육으로서의 '실천 경험'은 대학원에서의 학문적인 배움과 학교에서의 실천적 연구의 중간 다리 역할을 하는 경험으로 학습되어야 하며 '실천 경험' 그 자체가 교육학과 교사교육학의 최첨단의 전문적 지식을 활용하는 경험이 되지 않으면 안 된다.

네 번째는 '실천 경험'에 의해 대학과 학교와의 파트너십을 형성하는 것이다. 여기에 가장 참고가 될만한 사례가 미국의 교사교육 개혁을 주도한 홈즈 그룹(주요 100개 대학의 교육학부장 조직)이 1980년대부터 2000년대에 추진한 개혁이다. 홈즈 그룹은 교사교육의 '실천경험·임상경험'을 대학과 협력관계를 구축하고 있는 '교직전문개발학교(professional development school)'에서 실시하는 개혁을 추진했다. 교직전문개발학교는 대학과 연대한 학교개혁과 수업개혁의 거점교이며 '배움의 공동체' 이념을 내걸고 '실천경험·임상경험'을 매개로 하여 대학과의 파트너십을 형성하고 교사교육 개혁을 추진하는 거점이다. 이 아이디어는 시사적이며, 일본 교사교육 개혁에서도 같은 모양의 파트너십을 학교와 형성하는 것이 전문가 교육에 적합한 '실천 경험'의 기반을 준비하는 것이 된다.

교사교육 교육과정에서 '실천 경험'을 어떻게 편성할 것인가에 대해서도 다양한 인식이 전개되어 왔다. '실천 경험'을 최종 학년에 배치하는 단계형 방식과 '실천 경험'을 일 년 차부터 '조기 경험'으로 도입하는 병렬형 방식이다. 일반적으로 말해서 전문가 교육 초기에서의 '실천 경험'의 중요성이 의사교육에서도 교사교육에서도 지적되어 왔다. 이 개혁 동향도 시야에 두면서 전문가 교육에서의 '실천 경험'은 재구성될 필요가 있다.

수업연구의 개혁
- 케이스 메소드의 개발로 -

케이스 메소드로서의 수업연구

 전문가로서의 수업연구는 어떤 원리와 양식으로 실현될까? 한마디로 '수업연구'라고 하더라도 그 주체나 목적에 따라 종류는 다양하다. 교육학자가 하는 수업연구는 실증적 연구에 의해 수업개선을 위한 과학적인 지식을 교사나 연구자에게 제공하고 있다. 이 형태는 학문연구로서 수업연구이다. 그에 비해서 교사들의 수업연구는 수업개선과 교사의 전문성 향상을 목적으로 실천적인 사례연구를 행하고 있다. 이 장에서 다루고자 하는 수업연구는 학문연구로서의 수업연구가 아니라 교직 전문성 개발을 목적으로 하는 수업연구이다. 전문가 교육의 핵심은 케이스 메소드에 의한 이론과 실천의 통합에 있음을 앞장에서 소개해 왔지만, 이 장에서는 교사교육에서의 케이스 메소드로서의 수업연구의 특징과 양식에 대해서 서술하고자 한다.

교직 전문성을 개발하는 수업연구는 양성교육에서의 교사교육 교육과정으로서의 수업연구와 현직교육에서의 교내연수로서의 수업연구의 두 개로 크게 나눌 수 있다. 이 두 개 가운데 보다 중요한 것은 후자이다. 양성교육에서의 수업연구는 현직교육에서의 수업연구를 위한 오리엔테이션으로 조직되어야 할 것이다. 나아가 현직교육에서의 수업연구는 전문가로서의 교사 배움의 중핵이다. 교사는 평생에 걸쳐 자타의 수업실천으로부터 배우는 일을 통해서 전문가로서 성장하고 창조적인 동시에 자율적으로 직무를 완수할 수 있다.

일본에서 교사들의 수업연구는 1세기 이상의 전통을 지니고 있으며, 교직의 전문가 문화(professional culture)를 형성해 왔다. 최근 교사교육 개혁에서 이 전통은 국제적인 관심을 모으고 있으며, 지금은 세계 여러 나라가 '레슨 스터디'라 부르며 일본의 수업연구를 도입하고 있다. 그러나 국제적으로 높은 평가를 받고 있는 수업연구이지만, 과연 현행 수업연구는 '21세기의 배움'을 실현하는 추진력이 되고 있는 것일까? '반성적 교사'라는 새로운 전문가상이 추구되고 있는 현재, 수업연구는 '가르치는 전문가'에서 '배우는 전문가'로의 전환에 추진력이 되고 있을까?

이미 1장에서 언급한 바와 같이 일본의 수업실천은 아직 전통적 양식에서 벗어나지 못하고 있다. 여러 선진국에서는 대부분 19세기형의 일제 수업에서 벗어나 활동적이고 협동적이고 반성적인 배움을 중심으로 하는 21세기형 수업으로의 전환이 도모되고 있다. 그러나 대부분의 국제조사에 나타난 것처럼 일본 교사의 수업 양식은 아직 19세기형 틀 안에 머물러 있다. PISA 조사결과에 의하면 협동적인 배움의 도입은 65개국 가운데 최저이며, 학습과정에 ICT 활용에 있어서도 늦은 편이다. 전체적으로 말하자면, 일본의 교사는 교과서를 가르치고 테스트로 평가하는 것은 할 수 있지만, 교과서와 자료로부터 배움을 디자인하고 협동적인 배움을 조직하고 그 배움의 의미를 성찰함으로써 발견하고 탐구하는 능력은 불충분하다.

21세기에 어울리는 수업과 배움을 실현하고 '배움의 전문가'로서 전문성을 개발하는 수업연구는 어떤 요건을 갖추고 어떤 양식으로 수행되는 수업연구일까? 이 장에서는 처음으로 오늘날 수업연구의 배경을 이루는 수업연구의 역사를 개관한 뒤에 새로운 수업연구로의 패러다임 전환의 양상 및 질 높은 배움을 창조하는 수업연구 본연의 자세 그리고 나아가서는 수업연구에 의한 전문가 공동체 형성에 관해서 서술할 것이다.

수업연구의 역사

일본의 수업연구는 1세기가 넘는 역사를 지니고 있다. 그 개요를 제시하겠다. 일본의 수업연구는 다음 5개의 역사적 단계를 거쳐 오늘에 계승되고 있다.

① 기원- 시작과 정형화(1872년~)
② 다이쇼(大正) 자유교육에 의한 혁신(1920년대~)
③ 전후 신교육에서의 부흥(1945년~   )
④ '수업 과학'의 시대(1960년대~)
⑤ 현재(1980년대~)

제1단계는 1872년에 하와이 초등학교 교사 M. 스콧트가 일본에 초빙되어 이 해에 창설된 사범학교에서 모범수업을 한 때를 기원으로 하며, 1900년대에 헤르바르트주의의 '5단계 교수법'으로 수업연구가 정형화된 시기이다. 스콧트의 모범수업은 '교사의 발문-학생의 응답-교사의 평가'라는 전형적인 페스탈로치주의(개발(開發)주의)의 문답법에 의한 일제식 수업이었다. 그 모범수업은 『소학교사필휴(小學敎師必携)』, 『개정교수술』 등의 기록을 통해서 전국에 보급되었다. 1890년대 이후는 헤르바르트주의의 '5단계 교수법'(예측, 제시, 비교, 총괄, 응용)의 수업 정형이 확립하고 이 5단계(후에 '도입, 전개, 정리'의 3단계)에 의한 지도안, 판서, 발문을 연구하는 수업연구의 정형이 성립했다.

제2단계는 1920년대 이후 다이쇼 자유교육(1917년부터 1935년경까지)시대이다. 다이쇼 자유교육은 국제적인 신교육운동을 배경으로 하여 전개되고 아동중심주의에 대한 수업실천과 수업연구의 혁신을 중시했다. 다이쇼 자유교육에서의 수업연구 혁신은 다음과 같은 특징이 있다. ① 수업연구의 대상을 교사의 수업기술에서 아이들의 배움의 경험으로 전환한 것이며, 이는 듀이의 교육학이 그 근거가 되었다. ② '교육실천'이라는 새로운 개념을 창출하여 이야기 양식에 의한 '실천기록'이라는 새로운 연구방법을 만들어 낸 것이다. ③ '관찰'과 '기록'과 '협의'에 의한 수업연구 양식이 정착한 것이다. ④ 아이들의 고유명으로 등장하고 교사가 일인칭으로 이야기되는 '실천기록'과 '실천연구'가 성립한 것이다. 그리고 ⑤ 교사들의 실천기록을 공표하고 교류하는 수업연구 저널이 다수 출판된 것이다.

다이쇼 자유교육에 의한 수업연구 혁신은 도시 일부의 신학교에서 만들어지고 시작되었지만, 1930년대 초기에는 전국 각지의 사범학교 부속 초등학교를 거쳐 전국 공립 초등학교에서도 '수업협의회' 보급을 동반하는 데 영향을 미쳤다. 1935년경에는 교재해석, 발문연구, 판서계획, 지도안 만들기에서부터 시작하여 수업 관찰을 거쳐 수업협의회를 행하면서 오늘날 연구 수업의 양식이 당시에 많은 학교에 정착되었다. 그러나 이후 군국주의 교육의 확대에 따라 다이쇼 자유교육은 쇠퇴하고 수업도 수업연구도 붕괴하며 전후를 맞이한다.

제3단계는 전후 신교육 시기이다. 전후, 다이쇼 자유교육은 '신교육'으로 부활하여 주로 사회과 교육과정 만들기와 함께 보급되었다. 신교육 시대의 '아동중심주의' 교육과정 개발은 활발하였고, 1949년의 중앙교육연구소와 도쿄대학교의 전국 조사에서는 초등학교, 중학교 교사의 약 80%가 학교의 독자적인 교육과정 만들기에 도전했다. '실천기록'의 공간(公刊)과 교류도 활발하며 생활작문과 사회과의 단원학습 실천기록이 교육과정 만들기와 수업연구 양식을 형성하고 있었다.

전후 신교육의 수업연구 전형이 군마(群馬)현의 시마초등학교 교장 사이토(斎藤喜博)가 추진한 '수업변혁'과 '학교 만들기'의 실천이었다. 『수업 입문』을 비롯하여 사이토가 저술한 수업연구의 일련의 저술은 1970년대까지 교사들의 베스트셀러가 되었다.

제4단계는 1960년대 이후 '수업 과학'의 시대이다. 이 시기의 수업연구는 ① 수업연구의 아카데미즘 성립, ② 문부성과 지방교육위원회 주도에 의한 교원연수제도의 확립, ③ 민간교육연구단체와 교원조합에 의한 교육과정의 자주편성, ④ 학교 현장에서의 교내 연수라는 4가지 계보로 나뉘어 전개되었다. 그러나 이 4가지 계보는 배움과 발달에서의 '과학적 개념의 형성'과 '수업 과학'의 건설이라는 공통된 주제하에 전개되었다.

수업연구가 아카데미즘에서 확립한 것은 1960년대이다. 폴란드의 오콘의 『교수학』, 소비에트 잔코프의 『수업분석』의 번역이 계기가 되고 대학에 '교육방법학'이 성립하고 수업연구를 전공으로 하는 교육학자가 탄생했다. 수업연구의 아카데미즘을 주도한 것은 5개 대학이다. 홋카이도(北海道)대학은 소비에트 교육학과 수업분석을 기반으로 한 '수업 과학', 도쿄대학은 미국 교육심리학과 사이토(斎藤喜博)의 수업실천을 기반으로 한 '교수학연구' 나고야(名古屋)대학은 서독의 교수학에 기초한 시게마츠(重松)의 '수업기록'을 기초로 한 '수업분석', 고베(神戸)대학은 동독의 교수학에 기초를 둔 '수업 과학', 히로시마(広島)대학도 같은 동독의 교수학에 기초를 둔 '수업 과학'을 표방했다. 이러한 연구는 학교 현장의 수업연구와 교육행정의 현직연수에 영향을 미치고 있다.

한편, 문부성과 지방교육위원회는 1960년대 이후 과학교육의 진흥, 1958년에 법적 구속력이 부여된 개정학습지도요령의 실시를 배경으로 하여 탑다운에 의한 수업연구의 추진과 교직연수를 확대해 왔다. 연구지정학교 제도가 성립하고 지방교육위원회에 교원연수센터가 설치되고 연구지정학교와 교원연수센터를 통한 수업연구의 활성화가 도모되었다.

교육행정이 추진하는 교원연수와 수업연구에 대항하여 교원조합과 민간교육연구단체는 '교육과정 자주편성' 운동을 전개하고

'수도방식(水道方式)', '가설실험수업' 문학 교재, 역사 교재 개발 등 오늘날 교과서에 포함되어 있는 교재의 많은 부분이 민간교육연구단체에 의해 전개되었다.

학교 수준에서는 '연구수업'에 의한 거의 모든 초등학교와 중학교에 정착했다. 학교 수준의 수업연구는 앞서 기술한 아카데미즘, 교육행정, 민간교육운동의 세 계보의 복합체이며, 비공식적인 전문가 문화를 형성하고 있었다.

이 시기의 수업연구는 배움과 발달에서의 '과학적 개념의 형성'을 추구하고, 어떤 교사에게 어떤 교실에서나 유효한 '어떤 교사도 사용할 수 있는(teacher proof)' 교재의 개발, 테이프 녹음기에 의한 수업기록의 작성과 발문연구, 수업연구의 과학화 등 어느 계보에서나 공통성을 보이고 있다.

제5단계는 1980년대 이후이다. 1980년대 이후 교내폭력, 부등교, 가정 내 폭력, 학급붕괴 등 학교의 위기가 한순간에 분출되어 학교도 교육위원회도 이러한 위기적 현상에 대한 대응에 시달려 학교 현장에서도 민간의 교육연구단체에서도 수업연구는 급속하게 쇠퇴한다. 그 가운데에서도 학교의 위기적 현상이 집중된 중학교에서 수업연구의 쇠퇴가 두드러졌다. 중학교 교사들은 수업 만들기보다도 생활지도와 동아리지도에 쫓겨 문제행동과 비행대책에 막대한 에너지를 소비하게 된다. 초등학교에서도 아이들의 빈곤 확대와 가정 붕괴로 인해 정서적·정신적·문화적·경제적인 곤란을 안은 아이들의 증가하고 보호자나 지역으로부터의 고충에 대한 대응에 내몰려 수업연구는 유명무실하게 된다.

그 상황에 전환을 가져온 것이 1990년대 이후의 '배움의 공동체'를 표방한 새로운 학교개혁과 수업개혁에 대한 도전이었다. 1998년에 치가사키시 하마노고 초등학교가 최초의 파일럿 스쿨로서 탄생한 이후, '배움의 공동체' 학교개혁은 중학교와 고등학교로 확대하고 현재(2015년) 전국 3,000개 이상의 학교가 도전하고 있으며, 전국 300교의 파일럿 스쿨이 탄생하고, 연간 1000회 이상의 공개연구회가 개최되고 있다. 이 개혁은 한 명도 빠짐없이 배울 권리를 실현하는 일, 한 명도 빠짐없이 교사의 전문가로서의 성장을 촉진하는 일, 학교와 지역에 민주주의 사회를 건설하는 일을 내걸고 '21세기형 학교 교육'을 실현하는 수업개혁을 추진하고 있다. '배움의 공동체' 개혁은 한국, 타이완, 중국, 싱가포르, 인도네시아, 베트남 등 아시아 여러 나라에서도 일본과 마찬가지로(혹은 그 이상으로) 활발하며 수업연구와 수업개혁의 새로운 조류를 만들어내고 있다.

수업연구 패러다임의 전환

최근 30년간 수업연구는 세계화를 배경으로 하는 '21세기형 학교'를 요구하는 교육개혁의 진전과 교육학 연구의 행동과학으로부터 인지과학, 학습과학으로의 전환을 배경으로 근본적이라 할 수 있을 만큼의 변모를 이루어 왔다. 이 패러다임 전환은 1980년대 이후 교육학 연구 아카데미즘에서 진전하여 그 후 대학의 교사교육과 학교의 수업연구로 침투해오고 있다.

교육학 연구에서 수업연구의 패러다임 전환은 미국교육학회편의 『수업연구 핸드북』(제3판)(1986년)에서 현저하다. 거의 10년 간격으로 편집된 『수업연구』 제2판은 전편이 행동과학에 기초한 연구논문이며 '과정산출모델(process product research)'에 의한 정량적 분석(수량적 연구)에 의한 논문이 차지하고 있다. 그에 비해 같은 책의 제3판에서는 행동과학의 '과정산출모델'에 의한 수업연구의 논문의 자취는 사라지고 인지과학, 사회과학, 문화인류학, 민속방법론(ethnomethodology) 등 질적 연구의 해석적 접근에 의한 수업연구가 거의 전편을 구성하고 있다. 혁명적이라 부를 수 있는 패러다임의 전환이다.

『수업연구 핸드북』(제3판)에서 '연구패러다임'의 장을 서술한 리슐만이 패러다임의 전환을 '세 개의 C'의 복권으로 표현하고 있다. '교과 내용(content)', '교사와 아이들의 인지(cognition)', '교실과 학교의 맥락(context)'의 세 개의 C이다. 탁월한 요약이다. 종래의 행동과학에 기초한 수업연구는 독립변수로서 교육기술과 프로그램(가르치는 방식), 종속변수로서 사후 테스트로 측정되는 학력이나 지능 사이의 인과관계를 수량 분석으로 해명하는 연구이며, 교실에서 일어나는 일은 '블랙박스'화되고, 교과내용도 교사와 학생의 인지도 학교와 교실의 사회적 맥락도 불문에 부쳐왔다. 그에 비해 패러다임 전환에 따른 혁신적인 수업연구는 교과내용과 교사와 아이의 배움과 학교와 교실의 맥락을 연구대상으로 하고 있으며, 교실에서의 일과 아이들의 배움의 의미와의 관계의 해명을 해석적 접근으로 제시하는 연구이다. 행동과학에 의한 전통적인 수업연구와 패러다임 전환 후의 혁신적인 수업연구의 대비를 〈표 7〉에서 제시해두었다.

수업연구의 신구 두 가지 양식

아카데미즘에서의 수업연구 패러다임의 전환은 교사 현직연수에서의 수업연구 혁신을 이끌고 있다. 그 모범적인 사례의 하나가 배움의 공동체 학교개혁에서의 수업연구일 것이다.

배움의 공동체 학교개혁에서의 수업연구는 일반적인 수업연구와 몇 가지 점에서 다르다. 보통 수업연구는 그 목적을 '효과적인 수업(effective teaching)'으로의 개선, 수업기술 개발과 '유능한 교사(effective teacher)'의 성장, 학력 향상에 두고 있다. 그에 비해 배움의 공동체 학교개혁에서의 수업연구에서는 그 목적을 한 명도 빠짐

〈표 7〉 전통적인 수업연구와 혁신적인 수업연구의 비교

	전통적인 수업연구	혁신적인 수업연구
목적	지도안과 수업기술의 개선과 평가 효과적인 수업의 실현	배움의 성찰에 의한 교사의 실천적 인식의 형성, 교직 전문성의 개발
대상	지도안, 교사 활동(발문 등)	아이들의 배움의 경험, 서로 배우는 관계
기초	행동과학, 교육심리학	인식론철학, 학습과학, 인문사회과학
방법	수량적 방법, 분석과 일반화와 법칙화	질적 방법, 사례연구, 개성기술법(個性記述法)
특징	인과관계 분석 (인풋 아웃풋 모델)	의미와 관계 배치의 인식, 실천적 사고
결과	지도프로그램, 지도기술	교사의 실천적 인식, 배움의 디자인과 성찰
표현	명제적 인식, 절차적 이해	이야기 양식, 실천적 지식과 실천적 견식

없이 아이들의 배울 권리를 실현하는 일, 질 높은 배움을 창조하는 일, 사려 깊은 교사(thoughtful teacher)의 성장을 촉진하는 일, 학교 내에서 교사끼리 서로 배우면서 성장하는 동료성(collegiality)을 구축하는 일, 한 명의 아이도 빠짐없이 배움의 주인공(protagonist)이 되고 교무실에서도 교사가 한 명도 빠짐없이 주인공이 되는 민주주의 공동체를 건설하는 것을 목적으로 하고 있다.

수업연구의 초점도 다르다. 보통 수업연구에서는 교재연구, 지도안, 지도기술이 관찰과 연구의 초점이다. 그러나 배움의 공동

체 학교개혁의 수업연구에서는 교사의 가르치는 방식에서 아이들의 배우는 방식으로 초점이 이동되었으며, 고유명을 가진 아이 한 명 한 명의 배움의 활동과 관계를 연구하고 질 높은 진정한 배움(authentic learning)과 협동적인 배움(collaborative learning)의 실현을 지향하고 있다. 진정한 배움이란 교과의 본질에 입각한 배움이며, 대상 세계(사물, 텍스트, 자료)와의 만남과 대화가 배움의 중심이 되며, 그 관찰과 활동과 인식과 논의 담론이 그 교과의 학문 구조에 입각해 있음을 의미한다. 문학은 문학다운 배움이 있고, 역사는 역사다운 배움이 있고 물리학의 배움에는 물리학다운 배움의 방법과 디스코스가 있다. 한편 협동적인 배움은, 배움은 혼자서는 성립되지 않으며 타자와의 대화와 협동에서 성립한다는 철학과 학습과학이 기초가 되고 있다.

수업연구의 빈도도 통상의 수업연구와 배움의 공동체 학교개혁에서는 다르다. 보통 학교의 수업연구는 연간 3회 정도 실시되는 것이 일반적이다. 게다가 그 수업연구에서 수업자는 대부분 학교에서 교직 경험이 적은 젊은 교사이다. 그 공개수업 지도안 만들기에는 학교 전체(혹은 동학년 교사)가 장시간에 걸쳐 협의하고 수업 관찰 후에는 그 지도안의 타당성을 전 교사가 점증하는 협의회가 개최된다. 이 스타일에서 보여주고 있는 것처럼 보통 수업연구 방식은 '가설-검증형'이며, 도널드 숀이 제시하는 근대주의적인 교사상인 '기술적 숙달자(technical expert)'로서의 교사상이 상정되어 있다.

그에 비해 배움의 공동체 학교개혁에서의 수업연구에서는 모든 교사가 연간 적어도 한 번 이상 자신의 수업을 공개하고 모든 교사가 수업자가 되어 수업협의회를 개최하고 있다. 따라서 수업연구협의회는 최소한 학교의 전 교사 수, 연간 적어도 30회 이상에 달한다. 이 방식에 의해 교사의 수업 스타일의 개성과 다양성이 존중되고 한 명도 빠짐없이 배움의 주인공이 되는 민주적인 전문가 공동체가 형성되고 교내에서의 동료성 구축이 목표가 되고 있다.

그리고 배움의 공동체 학교개혁에서의 수업연구는 종래의 '가설-검증형'의 수업연구가 아니라 '반성적 실천에 의한 전문가의 배움'을 원리로 하는 수업연구를 추진하고 있으며, 기술적 숙달자(유능한 교사)가 아니라 반성적 실천가(사려 깊은 교사)의 성장을 추구하고 있다.

교사의 가르치는 방식을 중심으로 한 수업연구가 아니라 배움의 디자인과 성찰을 중심으로 하는 수업연구이다.

배움의 공동체 학교개혁에서는 수업실천의 사전연구(교재연구, 지도안, 발문연구, 판서계획 등)보다도 사후연구(배움의 성찰)에 많은 시간을 쏟고 있다. 그리고 수업 사례연구의 횟수를 늘리고 있다. 수업실천의 복잡함과 복합성과 다양성을 존중하고 교사의 실천적 지식과 실천적 견식을 중핵으로 하는 배움의 디자인과 성찰의 질을 높이는 것을 추구하고 있는 것이다.

〈표 8〉 일반 수업연구과 배움의 공동체 수업연구의 비교

일반 수업연구	배움의 공동체 수업연구
목적 1. 효과적인 수업으로 개선 2. 학력 향상 3. 유능한 교사의 형성	목적 1. 아이들의 배울 권리 실현 2. 질 높은 배움의 창조 3. 사려 깊은 교사의 성장 4. 동료성 구축 5. 누구나 주인공이 되는 민주적인 학교와 교실
초점: 교재연구, 지도안, 수업기술	초점: 아이들의 배움 활동과 관계 진정한 배움과 협동적인 배움
빈도: 연간 3회 정도	빈도: 연간 30회 이상

배움의 대화적 실천

수업에서 배움의 의의를 지식의 전달과 설명에 의한 이해와 습득이 아니라 학생의 지식의 기능의 활용에 의한 사고와 탐구 활동에서 찾는 것은 존 듀이, 레프 비고츠키 그리고 제롬 브루너였다. 이들은 지식의 의미와 기능을 활용함으로써 배움과 발달을 수업실천에서 추구하는 기초를 구축했다. 그 혁신적 전통은 21세기형 배움을 추구하는 현대 수업연구와 직결되어 있다고 할 수 있다.

배움을 어떻게 정의할 것인가는 철학적인 논쟁을 포함한 큰 문제이며, 교육의 정의보다도 배움의 정의 쪽이 역사적으로도 넓고 깊은 전통이 있다. 동서고금을 막론하고 배움은 자기 내면을 풍요

롭게 하는 '수양'의 전통과 세계를 확대하고 견문을 넓히는 '대화'의 전통이라는 두 가지 전통을 지니며, 역사적으로 보면 배움은 중세 이전의 '깨달음'과 '구제'를 목적으로 하는 배움에서 근대 이후의 '진보'와 '발달'을 목적으로 하는 배움으로 변화했다.

그러한 역사적 전통과 깊고 넓은 폭을 가진 배움이지만, 배움을 "기지의 세계에서 미지의 세계로의 여행(a journey from known word to unknown world)"으로 표상하는 인식은 누구나 공유해 온 생각이었다. 배움이 종종 '여행'으로 표상되어온 것이 보여주는 것처럼 배움은 '미지의 세계'와의 '만남과 대화'이다.

나는 이 전통과 듀이, 비고츠키, 브루너의 배움과 발달 이론을 계승하여 배움을 대상 세계와의 만남과 대화, 타자와의 만남과 대화, 자기와의 만남과 대화, 이 3가지가 통합된 삼위일체의 대화적

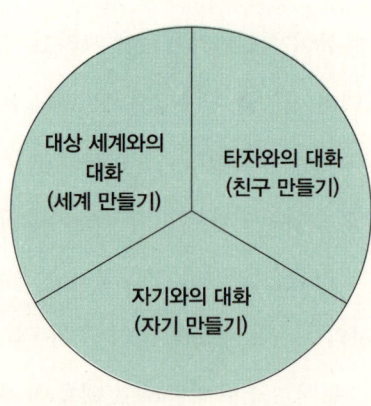

〈그림 2〉 배움의 대화적 실천

실천으로 정의해 왔다(그림 2 참조). 배움은 새로운 대상 세계(사물·텍스트·자료)와의 만남과 대화의 실천(세계 만들기·문화적 실천)이며, 새로운 타자와의 만남과 대화(친구 만들기·사회적 실천)이며, 새로운 자기와의 만남과 대화(자기 만들기·실존적 실천)이다.

서로 듣는 관계

교실에서의 배움은 교사와 학생, 학생 상호 간의 커뮤니케이션을 매개로 하여 전개되고 있다. 이 커뮤니케이션에서 중요한 것은 그것이 '서로 이야기하는 관계'로서가 아니라 '서로 듣는 관계'로 조직되는 것이다. 배움은 독백의 교환에서는 성립하지 않으며, 대화의 교환에서 성립되는 행위이다. 게다가 '서로 이야기하기'는 보통 독백의 교환으로만 시종일관하는 것이 아니라 이미 알고 있는 것으로 시종일관하며 미지의 사항에 대한 탐구를 향하지 않는다. 서로 배우고 사고하며 탐구하는 교실은 서로 듣는 관계를 기반으로 하는 대화적 커뮤니케이션으로 실현된다. '서로 이야기'가 활발한 수업, '서로 이야기'가 활발한 모둠 활동이 배움의 관계를 만드는 교실이나 모둠의 모습은 아니다. 오히려 반대이다. 소곤거리는 작은 소리가 퍼지고 그 소곤거림이 서로 울려 퍼지고 협동의 탐구가 생기는 교실과 모둠이 서로 배움이 풍요롭게 창조되는 교실이며 모둠이다. 이러한 '서로 듣는 관계'가 교실에 어떻게 성립되며, 어떤 배움이 창조되고 있는가를 수업연구에서는 우선 탐구할 필요가 있다.

서로 듣는 관계는 대화적 커뮤니케이션을 준비하고 서로 배우는 관계를 만들어내는 것만이 아니다. 서로 듣는 관계의 효용은 그 외에도 인정되고 있다.

서로 듣는 관계는 교실에 돌봄의 관계를 만들어내는 기초가 된다. 배움의 공동체 교실은 돌봄의 공동체이기도 하다. 누구나 안심하고 배움에 몰입할 수 있는 교실, 모를 때는 "여기 어떻게 하지?"라고 서로 물어볼 수 있는 교실, 타자에 목소리에 귀를 기울이고 한 명도 빠짐없이 존중받는 교실은 서로 듣는 관계로 준비된다.

그리고 서로 듣는 관계는 민주주의 공동체를 준비한다. 민주주의는 정치적 절차도 아니며 다수결의 원리도 아니다. 민주주의란 "다양한 사람들이 함께 살아가는 방법(a way associated living)"(듀이)이다. 서로 듣는 관계는 상대방을 세워주고 나도 설 수 있는 관계이며, 한 사람 한 사람을 주인공으로 만드는 관계이다. 민주주의에서 '경청'의 중요성을 지적한 것도 듀이였다. 듀이는 "귀는 참가를 준비한다"고 말하고 민주주의는 눈이나 입으로 준비되는 것이 아니라 귀로 준비된다고 주장했다. 학교와 교실에 한 명도 남기지 않고 주인공이 되는 민주주의 공동체를 건설하기 위해서는 '서로 듣는 관계'를 모든 소통의 기초로 하지 않으면 안 된다. (그림 3)

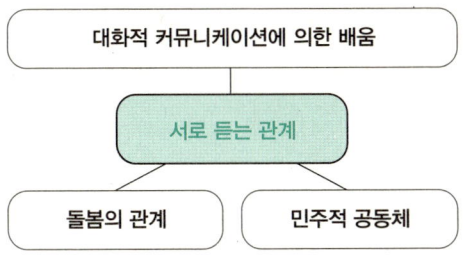

〈그림 3〉 서로 듣는 관계의 효용

협동적인 배움의 탐구

배움에서의 협동의 의의는 대부분의 교사에게 잘 알려져 있다. 그러나 협동적인 배움을 둘러싼 혼란이 있는 것도 사실이다. 그 때문에 일본의 학교에서 협력적인 배움과 협동적인 배움(cooperative learning, collaborative learning)의 도입은 한국과 나란히 세계에서 가장 낮은 상황에 있다.

최대 혼란은 다른 원리와 방식에 의해 모둠학습이 혼동하여 인식되고 있다는 것에 있다. 1920년대 이후 일본은 모둠학습을 가장 적극적으로 도입한 나라 중의 하나였지만, 그 경험이 혼란을 만들어내고 현재에는 모둠학습이 가장 도입되어 있지 않은 나라가 되고 있다.

일반적으로 모둠학습이라고 부르는 것에는 3가지 유형이 있다.

첫 번째 유형은 '소집단 학습' 혹은 '반학습(班學習, collective learning)'으로 불렸던 모둠학습이다. 이 유형은 집단주의(collectivism) 이데올로기와 사회정책을 배경으로 1930년대에 소비에트 연방과 미국과 일본에서 성립했다. 소비에트 연방에서는 '국영 농장과 집단 농장'으로 대표되는 스탈린의 5개년 계획을 배경으로 하는 '집단주의교육'으로 성립하여 미국에서는 루스벨트 대통령의 뉴딜 정책에서 농촌 지역의 학교 교육으로 보급되고, 일본에서는 다이쇼 익찬운동을 배경으로 하여 보급했다. 어느 것 할 것 없이 반 리더의 자주성을 중요하게 여기며, 반 내의 배움의 일치와 단결을 중시한다. 보통 6명으로 반을 구성하는 것도 특징이다. 이 방식은 전후 일본 교육에서 부활하여 1970년대까지의 모둠학습은 대부분 이 방식으로 이루어졌다. 국제적으로 볼 때 현대 중국에서 지배적인 그룹학습이 이 '소집단 학습'이며, 동남아시아 농촌 지역에 보급된 것도 이 '소집단 학습'이다. 일본의 교사들 사이에서도 연배가 있는 교사들이 기억하고 있는 '모둠학습' 또한 바로 이 유형일 것이다.

모둠학습의 두 번째 유형은 '협력학습(cooperative learning)'이다. 이 유형의 그룹 학습은 쿠르트 레닌의 심리학을 계승한 사회심리학자 존슨 형제에 의해 정식화된 방식이며, 모둠 간의 협력에 의해 생산성을 높이는 이론이 기초가 되고 있다. 존슨 형제는 '개인보다 그룹 쪽이 공장에서도 학교에서도 생산성이 올라간다', '경쟁보다 협력 관계 쪽이 공장에서나 학교에서나 생산성이 높다'라는 두 가지 원리에 기초하여 '협력학습'을 제창했다. 존슨 형제가 기초로 한 두 가지 원리는 맞다. 그것을 존슨 형제는 엄청난 수에 달하는 '개인인가 집단인가?' '경쟁인가 협력인가?'를 둘러싼 과거의 실증적 연구 자료의 메타 분석에 의해 밝히고 있다.

'협력학습'은 일본에서는 '버즈학습'(꿀벌무리처럼 시끄럽게 윙윙거리며 서로 이야기하는 학습)으로 1950년대 후반에 도입되어 현재도 계속되고 있다. '서로 이야기하기'와 '서로 가르치기' 협력에 의한 소그룹 학습이며, 협력적인 인간관계의 형성이 학력 향상의 기초가 되고 그 실현이 추구되고 있다. 일본에서도 세계 각국에서도 가장 널리 보급되고 있는 것이 이 유형의 그룹학습이다.

세 번째 유형은 비고츠키의 '근접발달영역'을 이론적 기초로 하는 그룹학습이며 '협동학습(collaborative learning)'으로 불리고 있다. 그리고 심리학 연구자는 앞의 존슨 형제의 '협력학습'이 '협동학습'으로 번역되어 도입되었기 때문에 그것과 구별하기 위해서 제3의 그룹학습을 '협동학습'이라고 칭하거나 '협조학습'으로 칭한다.

이 유형의 그룹학습은 방식이 아니라 이론이다. 그 때문에 3가지 유형 가운데에서는 가장 보급 정도가 낮다. 내가 추진하고 있는 배움의 공동체 개혁에서의 협동적인 배움은 이 제3의 유형에 속하며, 듀이의 커뮤니케이션 이론과 비고츠키의 근접발달영역 이론을 기초로 하고 있다. 이 제3의 유형을 제창하는 것은 실천하기는 가장 어렵지만, 이 유형이 '듣는 관계'를 기초로 하는 '진정한 배움'

과 '점프의 배움'을 실현하기 때문이다.

근접발달영역은 아이가 혼자서 달성할 수 있는 수준(현재의 발달 수준)과 교사의 도움이나 친구와의 협동을 통해 달성할 수 있는 수준(내일의 발달 수준) 사이의 영역이며, 배움의 가능성을 나타내는 영역이다. 이 유형의 협동적인 배움은 근접발달영역의 저변(아래쪽)이 아니라 윗부분에 학습과제를 설정하고 협동의 탐구를 통해 달성할 것을 촉구한다. 배움은 혼자서는 실현되지 않지만, 타자와의 협동으로 실현하는 행위이다. 이 유형에서는 비고츠키 이론에 따라 배움은 우선, 사회적 과정(타자와의 커뮤니케이션)에 의해 성립하고 다음으로 개인의 심리과정(내화)에 의해 진행한다고 보고 있다. 배움은 타자와의 협동에 의한 문화적, 사회적 실천이며 그 조직을 수업에서 추구하고 있다.

일반적으로 그룹학습이라고 불리는 배움은 이러한 3가지의 서로 다른 이론과 방식의 혼합이다. 이 3가지 유형의 특징을 인식하고 어떤 이론과 방식에 의한 그룹 학습인가를 엄격하게 구별하여 연구하지 않으면 안 된다.

'레슨 스터디'와 수업연구

수업연구는 최근 교직 전문성을 개발하는 가장 유효한 방법으로서 세계 각국의 관심을 모으고 있다. 그러나 어느 나라를 방문하여도 일본만큼 교사의 비공식적인 전문가 문화가 길러져 있는 나라는 없다. 예로, 어느 나라에서나 서점의 '교육' 책꽂이에 있는 것은 교육학자의 서적뿐이며, 교사가 저술한 서적이 놓여 있는 것은 드물다. 그러나 일본에서는 교사가 저술한 서적이 교육학자의 저술보다도 많고, 교사들의 편집에 의한 잡지도 다수 출판되고 있다. 이 전통은 일본 교사의 비공식적인 전문가 문화의 전통에 의한 것이며, 교사에 의한 수업연구도 그 상징의 하나이다. 하지만 수업연구 빈도에 관한 국제조사에 의하면 현재 초등학교와 중학교에서 수업연구 빈도는 세계 평균 수준이지만, 고교 수업연구의 빈도는 세계 최저 수준이며, 오히려 해외가 더 활발한 것으로 나타나고 있다.

세계 각국에 수업연구가 보급되는 계기가 된 것은 UCLA 수학교육연구자인 제임스 스티글러 등이 1999년에 출판한 한 권의 책(『The Teaching Gap』)이었다. 스티글러는 이 책에서 일본의 수학 학력이 높은 이유는 수업연구 덕택이라고 평가하고 수업연구(lesson study)의 유효성을 국제적으로 알리는 데 공헌했다. 그 이후 미국을 중심으로 '레슨 스터디'에 대한 관심이 순식간에 높아지고 오늘날에는 '레슨 스터디'를 행하지 않는 나라를 세는 것이 곤란할 만큼 확대일로에 있다.

단, 스티글러가 소개한 수업연구는 당시 일본에서 유학한 그의 연구실에서 배운 대학원생에 의한 소개와 자료 제공에 의존했으며, 히로시마 교육위원회 연구지정학교의 수업연구 방식에 대한 소개였다는 것에 유의할 필요가 있다. 일본의 수업연구는 앞서 서술한 바와 같이 역사가 복잡하고 스타일이 다양하며, 결코 하나가 아님에도 불구하고 스티글러가 소개한 수업연구는 한 지역교육위원회가 실시하고 있던 연구지정학교의 수업연구 방식이었다.

레슨 스터디는 그 후 미국의 밀즈대학 캐서린 루이스를 중심으로 국제적으로 소개되어 30개국 가까운 나라의 교육연구자가 참가하는 국제학회인 세계수업연구학회(World Association of Lesson Study)도 조직되었다. 이 국제학회를 매개로 하여 세계 각국의 교육행정 관계자, 대학 관계자, 교사와 협동연구를 지원하는 일본의 연구자도 많다. 레슨 스터디가 활발한 나라는 미국, 싱가포르, 홍콩, 중국, 인도네시아, 영국, 스웨덴 등이며, 최근에는 그 외에 유럽의 여러 나라와 아프리카의 여러 나라에도 침투하고 있다.

국제적으로 보급되고 있는 '레슨 스터디'는 일본의 수업연구의 다양성을 반영하여 다양하다. 대부분은 대학의 양성교육 교육과정에서 구체화되어 학교의 현직연수에도 채용되고 있다. 수업 플랜 연구와 교재연구를 중심으로 한 것, 교사의 기술이나 기능 개발을 중심으로 한 것, 교실에서의 배움의 성찰을 중심으로 한 것, 과학교육이나 수학교육의 수업개발을 목적으로 한 것 등 그 목적이나 방법도 각양각색이다. 목적이나 양식은 다양하지만 '레슨 스터디(수업연구)'가 교사의 전문가 교육에 반드시 필요한 방법으로 정착하고 있음은 확실하다.

'사례'로서의 수업실천

수업연구는 교사의 전문가 교육의 중핵이 되는 케이스 메소드이며, 양성교육에서도 현직교육에서도 중심적인 역할을 담당하고 있다고 언급해 왔다. 그러나 전문가 교육의 방법으로 맞추어가기 위해서는 검토해야 할 사항도 많다.

예로 수업의 실례를 '케이스(사례)'로서 다룰 경우, 그것을 어떠한 방법으로 다룰 것인가 하는 문제이다. 해외에 보급되고 있는 '레슨 스터디'에서는 두 가지 방법이 인정되고 있다. 하나는 수업을 직접 관찰하는 방법이며, 또 하나는 수업 제공자가 교실에서 일어난 일을 에피소드로써 보고하는 방법이다.

미국에서의 '레슨 스터디'는 직접 교실에서 수업을 관찰하는 경우도 있지만, 대부분은 수업자에 의한 실천보고(에피소드 보고)로 행해지고 있다. 내가 미국에서 수업연구를 추천하고 조직할 때 비디오를 활용하여 수업을 기록했지만, 초상권 제한이 엄격한 미국에서 수업을 비디오로 기록하는 일에는 항상 어려움이 따르게 마련이다. 따라서 미국의 '레슨 스터디'는 수업자에 의한 실천보고가 '케이스'로 다루어지는 경우가 많다.

수업자에 의한 실천보고의 '사례'에는 장단점이 있다. 수업자의 실천보고 '사례'는 수업자가 경험하고 인식한 사건의 내러티브(이야기)이며 '사례 케이스'의 이야기 속에 수업자의 실천적 지식과 실천적 사고가 집약적으로 표현되어 있다. 그러나 수업자의 실천보고에는 수업자가 놓친 사실, 수업자가 의식하지 못한 일은 보고되지 않는다. 그리고 그 보고는 수업자의 시점과 견해에 의해 구성된 사실이며, 수업자와는 다른 시점과 견해에 의해 해석되는 사실은 보고되지 않는다. 교실에서 일어나는 일은 다양한 시점의 견해를 종합함으로써 다의적인 해석을 요구받는 사실이지만, 수업자의 실천보고에 의한 '사례'에서는 그 가능성이 한정된다.

내가 추천하며 실천하고 있는 케이스 메소드는 수업의 영상기록을 '케이스'로 하는 방법이다. 이 방법에도 장단점은 있다. 장점은 내러티브(이야기)에 의한 실천보고와는 달리 교실에서 일어나는 일 전체를 영상과 음성으로 제시하고 교사와 아이들의 언어 활동에 그치지 않고 비언어적인 활동도 제시하여 직접 교실에서 관찰하는 경험에 가까운 관찰 경험이 가능하다는 점이다. 오히려 잘 다듬어진 촬영이라면 수업의 영상기록은 직접 교실에서 관찰하는 것 이상으로 교실의 일을 자세하게 제시하는 것도 가능하다.

그러나 단점도 있다. 최대의 단점은 수업자의 실천보고와는 달리 관찰하는 것만으로는 수업의 실천적 지식과 실천적 사고를 인식할 수 없다는 것이다. 수업의 영상기록 관찰은 교실에서의 직접

적인 관찰과 마찬가지로 일어난 일의 해석을 통해서 그 의미가 밝혀진다. 따라서 처음 배우는 사람은 수업의 영상기록을 시청하는 것만으로는 교실에서 일어난 일의 의미를 인식하는 것이 불가능하다. 수업의 영상기록을 '케이스'로 하여 케이스 메소드를 행하는 경우에는 영상기록에서의 사건에 대한 교육적 의미를 해독하고 해석하는 교사의 역할이 중요하다.

그리고 수업의 영상기록의 한계로 기록자의 주관에 의해 구성된 기록이라는 것이다. 비디오카메라로 촬영된 수업기록은 테이프 레코드(녹음기)에 의해 녹음된 수업기록보다도 주관적인 기록이며, 객관성이 부족하다는 점에 유의할 필요가 있다. 테이프 레코드는 무지향성에 의한 기록인데 비해서 비디오카메라는 선택적이며 지향적이다. 그러나 이 주관적인 선택에 의한 지향성은 단점이라기보다는 오히려 장점이라고 말할 수 있을지도 모른다. 왜냐하면, 수업의 영상기록에서의 주관적인 지향성은 객관적인 데이터 이상으로 시청하는 사람에게 '케이스'의 다양한 해석을 유발하고 풍부한 해석을 촉발하기 때문이다.

수업연구를 교사의 전문가 교육의 케이스 메소드로 활용할 경우 그 '사례'는 수업자의 이야기(내러티브)에 의한 실천보고와 수업의 영상기록을 병용하는 것이 바람직하다. 이 두 가지를 병용함으로써 학습자는 수업자의 실천적 지식과 실천적 사고를 반성적, 비판적으로 배우는 것이 가능하며, 교실에서의 일의 의미를 다원적으로 해석하는 것이 가능하게 된다.

배움의 디자인과 성찰

 수업과 배움은 결과가 아니다. 과정이다. 수업실천 과정에서 교사는 특정 교재와 특정 아이를 특정 배움으로 결실을 맺는 활동을 한다. 그 활동의 중심은 '디자인'과 '성찰'에 있다. 교사는 시시각각 변화하는 교실 맥락에서 교재를 매개로 하여 교육내용의 지식을 재구성하고, 학생이 하는 행위의 의미를 성찰하고 학생의 움직임에 대응하여 스스로의 활동과 학생의 배움을 디자인하고 그 디자인에 의해 일어나는 교실의 일들을 성찰과 판단에 의해 보다 나은 수업 전개로 결합시킨다. 이러한 일련의 활동은 그 대부분이 교사 내면의 성찰과 판단의 사고로 수행된다는 것이 중요하다. 수업이라는 실천은 '눈에 보이지 않는 실천(invisible practice)'인 것이다.
 학생의 배움도 '보이지 않는 실천'이다. 배움의 과정에서 학생은 텍스트와 대화하고 교실의 친구와 교사와 대화하며 교육내용의 지식의 의미를 구성한다. 활동의 과정에서 학생이 무엇을 어떻게 배우고 있는가, 그 배움의 내용과 과정을 밖으로부터 관찰을 통해 인식하는 것은 불가능이다.
 수업연구는 이러한 '보이지 않는 실천'을 '보이는 실천(visible

<그림 4> 배움의 디자인과 성찰

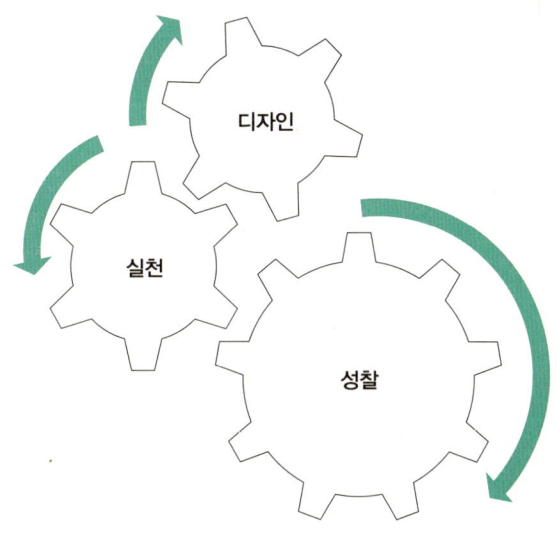

practice)'으로 번안하는 연구이다. 배움은 사적이고 숨겨져 있을 때는 무력하지만, 그것이 공적으로 열리고 대화적이고 협동적으로 수행되면 최대한의 힘을 발휘한다. 수업연구에서의 배움도 마찬가지이다. 수업연구는 그 자체가 대화적이고 협동적이며, 교실에서의 일의 보이지 않는 의미를 밝히고 보이지 않는 관계를 새겨 드러내고 보이지 않는 이야기를 노출시킨다. 수업연구에 의해 교사는 수업실천을 배움의 경험으로 발전시키고 동료성으로 지탱되는 배움의 전문가 공동체를 형성한다.

따라서 전문가 교육으로서의 수업연구는 배움의 디자인과 성찰의 연구이다. 수업연구에서의 교사의 배움은 '배움의 디자인', '수업실천', '배움의 성찰'이라는 3가지 활동이 계속 순환하는 배움이며, 이 순환을 계속함으로써 교사는 전문가로서의 성장을 수행한다.(그림 4)

교사가 서로 배우고 성장하는 학교
- 동료성의 구축 -

교사가 배우고 성장하는 장의 구조

    학교는 교사가 배우고 성장하는 데 있어서 가장 효과적인 장이다. 교사를 대상으로 한 조사결과에 따르면, 교사로서 성장하는 계기로 유효한 것을 묻는 질문에 같은 학교 동료로부터의 조언으로 동일 학년 내지는 같은 교과 동료, 다음으로 교장이나 교감으로부터의 조언, 그다음이 교내연수에서의 조언, 그리고 다음이 교육위원회나 교원조합의 연수, 지역 교육연구서클 그리고 마지막에 대학에서 하는 연수와 대학교수의 강의 순으로 답이 나왔다. 즉 교사가 배우고 성장하는 장은 그 교사의 교실을 중심으로 동심원적 구조로 나타나고 있다(그림 5). 이 구조에서는 중심이 가장 배

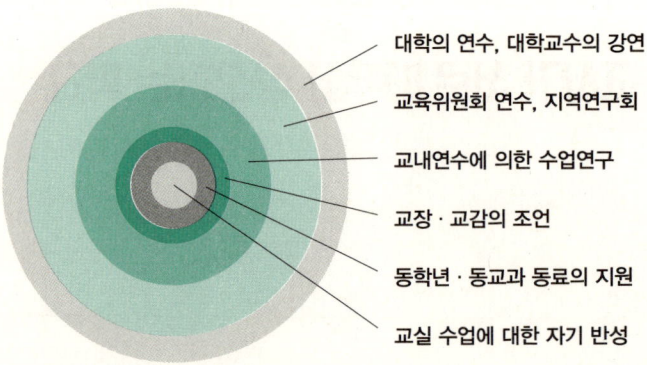

〈그림 5〉 교사가 배우고 성장하는 장의 동심원적 구조

우고 성장하는 기능이 강하며, 주변으로 갈수록 약해진다. 교사는 자기 교실 실천에 대한 숙고와 반성을 기본 축으로 하여 배우고 성장한다.

그러나 과거 30년간을 뒤돌아보면 이 동심원적 구조의 바깥쪽은 충실해 왔지만, 중심에 있는 학교 내에서 교사가 배우고 성장하는 기회는 유명무실하고 공동화되어 온 것이 아닐까? 1980년대 이후 현직교육을 위한 신구상대학인 효고 교육대학, 나루토 교육대학, 죠에츠 교육대학이 설치되었고, 지방 국립대학의 교육학부에는 전부 현직교육을 목적으로 하는 석사과정이 설치되었다. 최근에는 교직대학원의 설치가 국립대와 사립대에서 함께 추진되고 있다. 그리고 도도부현 교육위원회, 시정촌 교육위원회는 각자 교원연수센터를 설치하고, 방대한 수의 강좌와 강연회를 열어 교사 연수를 촉진하고 있다. 그러한 교육위원회가 추진하는 연구지정학교의 수도 어마하다. 그러한 학교 밖의 연수 기능이 비대해지는 것과는 대조적으로 학교 안에서 교사가 배우고 성장하는 기능은 걱정스러운 정도로 쇠퇴해가고 있다.

학교에서의 교사의 배움과 성장 기능을 복권하기 위해서는 지금까지의 연수시스템을 앞에서 제시한 동심원적 구조에 입각하여 재구성할 필요가 있다. 대학(대학원)이나 지방교육위원회가 행하고 있는 연수를 각 학교의 교내연수 활성화를 위한 지원으로 가져가는 개혁이다. 예로 현재 행해지고 있는 지방교육위원회의 연수프로그램은 대부분이 강의에 의한 전달 강습의 연수이다. 그러한 프로그램은 각 학교의 교내연수 경험 교류나 교내연수 활성화를 위한 지원프로그램으로 전환해야 할 것이다. 연구지정학교도 마찬가지이다. 현재 연구지정학교에서 실시되고 있는 연수는 연구지정 3년간(또는 2년간)이 끝나면 종결되고 만다. 지정 연한이 끝나도 계속되는 연수는 드물다. 이것으로는 무엇을 위한 연구지정이었는지 아무런 의미가 없다. 연구지정학교 제도는 학교연수의 새로운 출발을 준비하는 기획으로서 실시되어야 하며, 지정 기간 종료 후에도 계속할 계획을 전제로 하여 실시되어야 할 것이다.

대학(대학원)에서의 현직교육도 마찬가지이다. 대학(대학원)은 교사의 전문가 교육을 담당함과 함께 인근의 학교를 '교직전문개발학교(professional development school)'로서 구축하고 그 교내연수를 지원하고 교사들의 배움의 네트워크를 형성해야 할 것이다. '교직전문 개발학교'를 거점으로 하는 네트워크를 구축함으로써 대학(대학원) 연수프로그램은 그 현실적인 기능을 발휘하게 된다.

'전문가의 배움의 공동체'로서의 학교

교사의 전문가로서의 배움과 성장에 있어서 무엇보다 중요한 것은 교사는 혼자서 배우고 성장하지 않는다는 것이다. 다른 전문가와 마찬가지로 교사가 배우고 성장하기 위해서는 전문가의 배움의 공동체(professional learning community)가 불가결하다.

학교가 전문가의 배움의 공동체가 되어야 하는 필요성은 1980년대부터 '동료성(collegiality)'에 대한 관심으로 나타나고 있다. 학교개혁에서 '동료성'의 근본적인 중요성을 주장한 것은 캘리포니아대학 버클리교의 교육사회학자인 주디스 리틀이다. 리틀은 당시 벤저민 블룸이 제창한 완전학습법에 도전하는 많은 학교를 조사하여 학교 교육의 성공을 가져오는 다수의 요인 중에서 '동료성'이 그야말로 결정적인 요인으로 기능하고 있음을 실증적으로 밝혔다. 그녀가 제시한 지견은 탁월하며 이후 세계 교육학과, 교육행정학자는 학교개혁에서 '동료성'을 기본적으로 중시하는 개혁을 추진해 왔다.

'동료성'은 그러나 애매한 개념이다. 나는 이 개념을 '동료성'으로 번역하고 '수업 창조와 연수에서 교사가 전문가로서 연대하는 관계'로 소개해 왔다. 이후 일본에서도 '동료성'이라는 말은 교사들의 공유 언어로서 널리 보급되고 학교개혁에서 동료성 구축의 필요성과 우위성은 이미 상식이 되고 있다. 그러나 '동료성' 개념은 그 이상의 의미는 희박하며, 최근 '동료성'에 관한 연구는 교사의 '전문가의 배움의 공동체(professional learning community)' 연구로 이행하고 있다.

교사는 혼자서는 성장하지 않는다. 전문가로서 배우고 성장하는 교사는 모델이 되는 선배로부터 배우고 동료인 친구와 서로 배우고 후배의 성장을 지원함으로써 서로 배우고 성장한다. 교사의 전문가로서 성장의 질은 그 교사가 귀속된 전문가 공동체의 질에 의존하고 있다고 해도 과언이 아닐 것이다. 한 명의 교사가 배우는 교직의 전문가 문화는 그 교사가 귀속한 전문가 공동체 문화인 것이다.

전문가로서 배우고 성장하기를 원한다면 교사는 스스로 모범이 되고, 배움과 성장을 지원해 주는 멘토로 적합한 선배 교사와의 관계를 만들어야 하며, 평생에 걸쳐 함께 배우고 성장하는 동료 교사와 네트워크를 만들어야 할 것이다. 그 관계가 얼마나 풍요로운가 하는 것이 그 교사의 배움과 성장의 풍성함을 보장한다. 그리고 어느 학교나 교사들이 배우고 서로 성장하는 전문가의 배움의 공동체로 재구성되어야 하며, 교사 누구나 학교 밖의 교사들과 서로 배우고 성장하는 네트워크를 형성할 조건을 준비해야 할 것이다.

교사의 배움의 공동체는 무엇에 의해 어디까지 형성되는 것일까? 〈그림 6〉은 전문가의 배움의 공동체가 형성되는 장을 제시하고 있다. 전문가의 배움의 공동체는 실천의 '디자인'에서, 실천의 '활동'에서, 실천의 '성찰'에서, 실천의 '협동'에서 형성된다. 교사에 있어서도 마찬가지이다. 학교가 전문가의 배움의 공동체로서 기능하고 있는 학교에서는 실천의 '디자인' 실천의 '활동', 실천의 '성찰', 실천의 '협동' 모든 장면에서 교사들이 서로 배우고 함께 성장하고 있다.

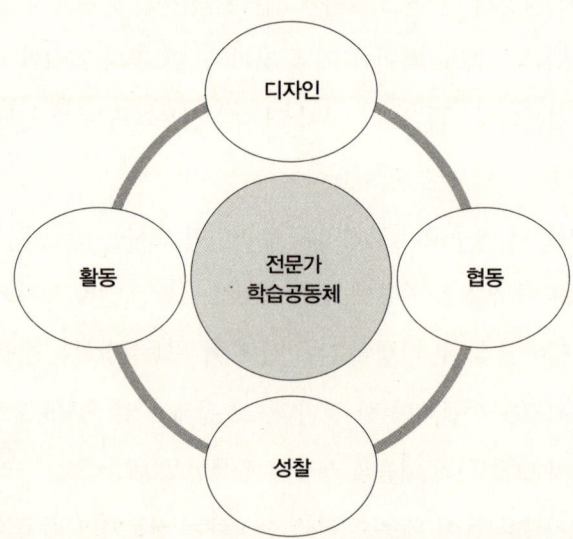

〈그림 6〉 전문가의 배움의 공동체

왜, 전문가의 배움의 공동체는 '디자인', '활동', '성찰', '협동'의 장에서 형성되는 것일까? 그 이유는 이 4가지 장은 어느 것 할 것 없이 불확실성에 지배된다는 점에 있다. 불확실성이 충실한 장이야말로 전문적 지식과 전문가로서의 성찰과 판단이 요구되는 장이며, 전문가로서 서로 배우는 장이 된다.

현재 상황에서는 교사의 대부분은 실천의 '디자인'에서도, '활동'에서도, '성찰'에서도 고립되어 혼자서 고전분투하고 있다. 그 때문에 실천의 '디자인'도 '활동'도 '성찰'도 경험주의에서 벗어나지 못하고 창조성을 잃은 형식주의 혹은 틀에 박힌 일로 갇히게 된다. 교사의 활동이 경험주의와 형식주의와 일상 업무로 폐쇄되어 있는 상황에서는 교사의 교육활동은 창조성을 잃고 매력 없는 것이 되며, 일상적 반복으로 피폐해지고 말 것이다.

일본의 교사는 다른 외국의 교사들과 비교하여 교내에서 협동할 기회가 많다고 평가되고 있다. 분명, 일본의 학교는 다수의 교무분장이나 위원회로 운영되고 있지만, 그 운영 스타일이 교사를 고립으로부터 구제하고 있는가는 별개의 문제이다. 일본 학교에서의 교사의 협동은 학교의 잡무 처리나 행사 운영에서는 기능하고 있지만, 수업실천이나 연수에서는 충분히 기능하고 있지 않다. 이런 '협동 하에서의 고립(isolation under collaboration)'이 일본 교사문화의 특징이라고 말해도 좋을 것이다. 이 특징은 학교경영의 협동이 가장 중시되고 있는 초등학교에서 현저하게 두드러진다. 초등학교 교사만큼 고립된 직무는 찾아보기 어렵다.

교사들이 학교에서 배움의 공동체를 구축하기 위해서는 학교의 경영과 운영에서 조직되어 있는 협동의 관계를 교육실천의 '디자인'과 '활동'과 '성찰'과 '협동'에서 재구성할 필요가 있다.

예로 내가 참가하고 있는 치기사키시 하마노소 초등학교에서는 교무분장 회의와 위원회 회의를 폐지하고 월 1회 직원회의로 학교를 운영하여 수업실천의 '디자인'과 '활동'과 '성찰'과 '협동'을 탐구하는 수업협의회를 중핵으로 하여 학교를 경영하고 있다. 이 학교에서는 이 조직개혁으로 연간 200회나 되는 수업실천 사례연구회를 개최하고 있다. 이 학교의 방식은 17년간 계속되고 있으며, 전문가의 배움의 공동체로 학교를 재구성하는 것이 가능하다는 것을 실증하고 있다.

교내연수의 개혁

보통 학교의 교내연수에서 개혁해야 할 사항은 많다. 열거하면 다음과 같다.

1. 연간 3회 정도의 연구수업밖에 조직되어있지 않고, 모든 교사의 자율성에 근거한 연수가 되고 있지 않다.

2. 수업을 공개하는 교사는 젊은 교사에 한정되어 있다.

3. 전통적인 일제식 수업의 연수내용이며, 21세기형의 배움을 중심으로 한 수업연구가 되어 있지 않다.

4. 사전연구가 중심이 되어 '가설-검증형' 연구가 이루어지고 있으며, 사후 성찰을 중심으로 한 연구가 되고 있지 않다.

5. 수업연구협의회의 내용이 가르치는 방식을 중심으로 논의되고, 아이들의 배움에 대한 연구가 등한시되고 있다.

6. 수업협의회가 수업 평가의 장이 되어 개선점과 조언으로 시종일관하며, 전문가로서 서로 배우는 장이 되고 있지 않다.

7. 수업협의회에서 적극적으로 발언하는 교사는 정해져 있다.

8. 학교가 전체적으로 교내연수의 연구 주제를 정하고, 교사 개인의 연구 주제가 설정되어 있지 않다.

9. 초등학교에서는 특정 교과에 한정된 연수를 하며, 연수 내용이 특정 영역에 편중되어 있다.

10. 개개인의 수업 개선이 목적이며, 전문가 공동체를 형성하는 것이 목적이 아니다.

이러한 일련의 과제를 해결하기 위해서는 다음의 개혁이 필요하다. 첫째는 교내연수를 학교경영의 중심에 두는 일이다. 보통 학교에서 교내연수는 많은 학교의 업무 가운데 주변 영역에 위치하며, 학교경영의 중심으로는 인정되지 않고 있다. 연간 3회 정도의 연구수업으로는 몇십 년이 지나도 한 명의 교사도 빠짐없이 서로 배우고 성장하는 배움의 공동체를 구축하는 일은 불가능할 것이다. 연구수업과 수업협의회는 적어도 연간 모두가 수업을 공개자가 될 수 있도록 횟수를 설정해 둘 필요가 있다. 나는 아무리 훌륭한 수업을 하더라도 일 년에 한 번도 동료에게 수업을 공개하지 않는 교사를 공교육의 교사로서 인정하지 않는다. 아무리 훌륭한 수업을 하더라도 수업을 공개하지 않는 교사는 아이들을 사물(私物)화하고, 교실을 사물화하고, 학교를 사물화하고, 교직을 사물화하고 있다는 말을 들을 수밖에 없을 것이다. 학교는 공공 공간이며, 교사는 공공적 사명을 맡고 있는 직업이며, 교사는 학교의 공공성으로 서로 연대할 필요가 있다.

둘째로 교내연수의 내용을 '교사의 가르치는 방식'의 연수로부터 '배움의 디자인과 성찰'의 연수로 전환하는 것이다. 현재 학교에서 이루어지고 있는 교내연수에서는 일반적으로 교재연구와 지도안과 판서안 작성과 발문연구의 집단적 검토에 많은 에너지가 들어가고 사후의 협의회에서는 그 지도안과 판서와 발문의 유효성 검증을 중심으로 협의하고 있다. 즉 교사의 '가르치는 방식'이 관심과 협의의 80%를 차지하고 아이들의 '배움'에 관해서는 20% 정도밖에 다루지 않고 있다. 게다가 아이들의 배움에 대해서 협의하는 경우에도 문제를 안고 있는 아이와 극단적으로 저학력인 아이 등 몇 명의 배움에 대상을 한정하고 있다. 그 때문에 수업 관찰과 영상기록도 보통 교실 뒤쪽에서 교사의 가르치는 방식을 중심으로 관찰하고 아이 한 명 한 명의 배움은 무시되고 있다. 이 관찰과 협의회는 본말 전도된 것이라 할 수 있다. 전통적인 일제식 수업과 전통적인 '가설-검증형' 수업연구가 이 본말 전도를 만들어내고 있다(7장 참조).

수업에 유효한 '가르치는 방식'은 한 가지가 아니다. 천 개가 넘는 정답이 있다. 각 교사의 개성과 교실의 다양성에 입각하여 수업자 자신에 의한 '배움의 디자인'이 존중되어야 하며, 교사의 '가르치는 방식'의 시비를 협의하는 것이 아니라 교실에서 일어난 한 명 한 명의 배움의 사실에 대한 성찰을 중심으로 협의해야 할 것이다. 어디에서 배움이 성립되고 어디에서 배움이 주춤거리고 있는가? 그리고 어디에 배움의 가능성이 잠재되어 있는가? 그것은 왜 그러한가? 교실의 사실에 입각하여 자세하게 연구할 필요가 있다.

이러한 전환을 이루어내기 위해서는 사전 연구(지도안 만들기)보다도 사후 연구(성찰)를 중심으로 연구수업과 수업협의회를 행할 필요가 있다. 그리고 연구수업의 횟수를 늘려 교내의 전 교사에게 제안수업과 협의 기회를 보장하기 위해서는 사전의 협의 연구는 최소한으로 하여 수업자의 디자인에 맡기고 사후의 정밀한 성찰을 중심으로 교내연수를 재조직하는 것이 필요하다.

셋째로, 교내연수를 수업실천의 '평가와 조언'의 장에서 '전문가로서 서로 배우는 장'으로 전환하는 것이다. 수업을 관찰하고 좋은 수업이다, 나쁜 수업이다, 어디가 좋았다, 어디가 나빴다라는 방식으로 평가하는 교사는 전문가 교사가 아니라 아직 아마추어에 가까운 교사이다.

학생 같은 아마추어나 초보 교사는 수업을 관찰하면 바로 평가를 한다. 그러나 전문가로 성숙한 교사는 수업 관찰에서 평가를 하지 않는다. 전문가는 자타의 경험으로부터 배운다. 경험으로부터 배운다(이것을 '성찰'이라고 부른다)는 말은 전문가들의 두드러진 특징이다. 훌륭한 전문가는 어떤 실천에서도 배울 수 있는 사람이다.

그러나 보통 교내연수에서는 수업의 '평가와 조언'이 행해지고 '전문가로서 서로 배우는 일'에는 이르지 못하고 있다. 그 때문에 베테랑 교사는 수업 공개자가 되는 것을 거부하고 젊은 교사들만 주로 수업 공개자가 되고 있다. 관찰자는 '질문'과 '조언'으로 시종일관하고 아무것도 배우고 있지 않다. 때로는 수업협의회가 교육관을 달리하는 교사들 간 논쟁의 장이 되기도 한다. 이 현상을 타개하고 수업 공개자는 물론 모든 참가자가 전문가로서 서로 배우는 연수로 전환할 필요가 있다. 이를 위해서는 교실에서의 일을 한 명 한 명의 학생의 배움의 사실에 입각해서 정밀하게 관찰하고 거기에서 배운 것을 서로 교류하는 협의회를 행할 필요가 있다. 배운 것의 교류는 결코 '평가와 조언'이 아니라 전문가다운 배움의 동료성의 형성을 이끈다.

넷째는 교내연수의 목적을 개인 교사의 배움에서 전문가의 배움의 공동체 건설로 전환하는 일이다. 지금까지의 교내연수는 교사 개개인의 지식이나 능력, 기능의 발달을 목적으로 하여 교내에 전문가의 실천공동체를 구축하는 것을 목적으로 하지 않았다. 그러나 새로운 교내연수에서는 교내에 전문가 실천공동체를 구축하는 것을 가장 중요한 목적으로 할 필요가 있다.

전문가 실천공동체가 실시하는 교내연수는 교사의 전문성과 자율성을 높이고 학교 전체의 교육 수준을 향상시킨다. 교사 한 명 한 명의 실천은 밖에서는 '보이지 않는 실천(invisible practice)'이며, 교사라는 직업은 누가 하더라도 완전한 성공을 달성할 수 없는 이른바 '전문직이 될 수 없는 전문직(impossible profession)'이다. 교내연수로 형성되는 전문가 실천공동체는 '보이지 않는 실천'을 '보이는 실천(visible practice)'으로 전환하고 '전문직이 될 수 없는 전문직'을 '실현 가능한 전문직(possible profession)'으로 전환하는 것을 가능하게 한다.

전문가 실천공동체는 교내 한 명 한 명 교사의 실천 경험을 공유하고 한 명 한 명의 교사가 보유하고 있는 전문적 지식이나 실천적 지견을 공유하여 전문가로서의 숙달을 서로 촉진한다. 그뿐만이 아니다. 전문가 실천공동체는 교내연수를 통해서 교직의 사명과 책임을 공유함으로써 교직 생활의 도덕성을 높이고 전문가다운 실천적 견식의 향상을 달성한다(그림 7 참조).

여기에서 제시한 교내연수는 현행 시스템의 근본적인 개혁을 요

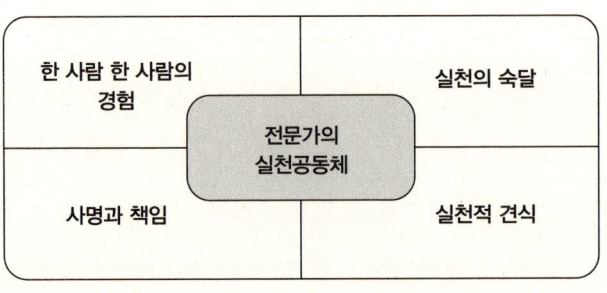

〈그림 7〉 전문가 실천공동체

청하고 있다. 그 개혁은 가능하다. 예로 내가 제창하고 있는 배움의 공동체 학교개혁을 추진하고 있는 약 300개의 파일럿 스쿨에서는 여기에서 제안한 목적과 양식으로 교내연수 개혁을 행하고 있다. 그러한 학교에서는 ① 연간 최소한 1회는 모든 교사가 수업을 공개하고 그 제안 수업으로 수업협의회를 개최하고, ② 사전 연구보다도 사후 연구를 중시하여 '배움의 디자인과 성찰' 연구를 행하며, ③ 수업연구협의회에서는 교사의 가르치는 방식에 대한 '평가와 조언'을 하는 것이 아니라 고유명을 지닌 아이 한 명 한 명의 배움을 초점으로 하여 관찰한 것으로부터 '배운 것을 교류'하며, ④ 학교 전체 연구 주제를 정하는 것이 아니라 오히려 교사 개개인의 연구 주제를 결정하고 그 연구를 동료로서 서로 지원하는 연수를 실현하며 교내에 전문가 실천공동체를 구축하고 있다. 개혁은 불가능한 것이 아니다.

교장의 역할

 학교개혁에서 교장 리더십의 중요성은 아무리 강조해도 지나치지 않다. 그러나 2009년 PISA 조사결과를 보면(표 9) 일본 교장의 리더십은 조사에 참여한 65개국 가운데 64위(최하위는 리히텐슈타인)이다. 이 조사는 14개 항목에 걸쳐 교장의 리더십에 관한 구체적인 활동을 묻고 있지만, 그 가운데 '교사의 전문성 개발'(일본 43%, OECD 평균 88%), '수업 관찰'(일본 37%, OECD 평균 50%), '학생의 학습 관찰'(일본 40%, OECD 평균 88%) 등의 교사 전문성 개발과 수업이나 학습 개선에 관한 항목에서 세계 최저 수준이다. 즉, 일본의 교장은 '학교 관리'는 하고 있지만, 그 전문성과 교육 책임의 중심인 교사의 전문성 개발과 교실에서의 수업과 학습 관찰, 수업 개선, 아이들의 학습 개선에서 세계 최저 수준의 지도력밖에 발휘하지 못하고 있다.

 이 표에서 보는 한 일본 교장의 일은 교장실(혹은 교외)을 중심으로 전개되며, 여러 외국의 교장의 일은 교내의 각 교실을 중심으로 전개되고 있다. 이 차이는 어디에서부터 생겨나는 것일까?

 교장의 주된 업무 장소의 차이는 일본의 교장은 행정 말단으로 자리 잡고 있는 것에 비해서 다른 외국의 교장은 학교라는 교사의 전문가 공동체의 중심에 위치하고 있다는 차이일 것이다.

 단, 같은 교사의 전문가 공동체의 중심이라고 해도 유럽형 학교경영과 미국형 학교경영에서 교장의 위치와 역할이 다르다. 유럽형 학교경영에서의 교장의 특징은 교장도 교사공동체의 일원이며 수업을 담당하는 것이 원칙이다. 유럽 여러 나라의 학교는 역사적으로는 마이스터제도를 배경으로 성립되어 있으며, 교장은 교사 길드의 장인(匠人)이며, 교사는 그 장인 밑에서 일을 배우는 도제였다. 그 전통을 배경으로 하는 유럽 여러 나라에서 교장은 '교사 중의 교사' 또는 '교사의 교사'이며 스스로 중심이 되어 수업을 담당하고 학생 한 명 한 명의 배움에 책임을 지고 아울러 교사의 전문성 개발을 지원하는 역할을 맡고 있다.

한편 미국형의 학교경영에서 교장의 특징은 수업을 맡지 않고 학교경영에 전념하는 교육학박사(E.d.D) 학위를 지닌 교육학 전문가이며, 그 고용은 보통 5년 임기제이다. 프로 야구 감독과 같은 지위인 것이다. 미국형 교장도 역사적 배경을 지니고 있다. 미국에서는 일찍이 교사의 여성화(Feminization)가 진행되어 19세기 말에 이미 여성 교사가 80%를 넘었다. 이 상황에서 교육의 전문가 자격을 가진 남성이 교장으로서 여성 교사를 관리하는 학교경영 시스템이 만들어진 것이다.

2차 대전 이전 일본의 교장은 유럽형 교장이었다. 그러나 교육행정과 학교경영이 관료주의적으로 재편된 1960년대 후반부터 점차로 행정기구의 말단 역할을 연출하는 교장으로 위치와 역할이 변화되어 오늘에 이르고 있다. 그리고 1970년대 이후 미국형 학교경영이 모델이 되어 최근에는 기업경영 모델에 가까워지고 있지만, 미국형 교장과는 지위도 역할도 현저하게 다르다는 점에 유의해야 할 필요가 있다. 앞에서 기술한 바와 같이 미국형 교장은 교육학박사 학위를 가진 교육전문가이며, 학교의 전문가 공동체의 자율성을 행사하는 책임자이며, 임기제에 의한 고용제도를 취하고 있다. 일본의 교장은 수업을 담당하지 않으며 경영과 관리 책임자라는 점을 감안하면 미국형 교장과 같지만, 교육학박사 학위를 가진 교육전문가도 아니고 학교의 전문가 공동체의 자율성을 행사하는 책임자도 아니며 임기제에 의해 고용되어 있는 것도 아니다. 일본의 교장은 관료주의적인 교육행정의 말단에 위치하고 있는 점에서 유럽형의 교장도 미국형의 교장도 아닌 특수한 위치와 역할을 부여받아 왔다.

현재의 교장은 학생 한 명 한 명의 배울 권리를 실현하는 일에 실질적인 책임을 지고 있지 않으며, 교사 한 사람 한 사람의 전문가로서의 성장에도 실질적인 책임을 지고 있지 않다. 현행의 교장은 학교의 건물과 재무 관리와 외부 업무의 관리밖에 실질적인 책임을 지고 있지 않다고 해도 과언이 아닐 것이다.

학교를 관료주의적인 행정기관의 말단으로부터 해방시키고 교육전문가 공동체의 자율적 조직으로 변혁할 것을 원한다면, 일본의 교장제도는 유럽형으로 이행해야 할 것인가, 아니면 미국형으로 이행해야 할 것인가? 이 두 가지 선택지 가운데 대부분의 교장

〈표 9〉 교장의 교육 활동에의 관여

A	교사의 전문적 성장 지원
B	학교 목표에 의한 교사의 지원
C	교실에서의 수업 관찰
D	학생의 달성 성과의 활용
E	수업 개선을 위한 교사에 대한 원조
F	학생의 학습 관찰
G	교사가 교실에서 안고 있는 문제에 대해서 서로 이야기하기

'항상 하고 있다', '빈번하게 하고 있다'라고 응답한 교장의 비율(수치는 %)

	A	B	C	D	E	F	G	H	I	J	K	L	M	N
호주	98	99	64	93	76	58	89	95	81	81	97	93	94	32
오스트리아	89	92	41	60	67	86	84	79	67	22	75	92	87	53
벨기에	95	97	43	42	68	33	89	90	82	46	74	98	96	4
캐나다	98	98	77	91	86	60	95	95	86	63	87	99	98	19
칠레	97	98	55	93	95	73	90	96	82	84	94	97	97	62
체코	95	98	57	81	79	93	86	98	83	59	93	96	75	23
덴마크	86	89	25	44	53	39	94	91	76	25	76	99	95	29
에스토니아	92	94	59	84	58	75	72	93	57	62	87	83	79	24
핀란드	64	75	9	46	40	61	77	95	59	13	77	98	94	39
프랑스	w	w	w	w	w	w	w	w	w	w	w	w	w	w
독일	82	94	40	57	53	82	80	85	57	33	73	95	84	42
그리스	40	78	12	61	53	46	97	96	67	34	69	98	96	63
헝가리	93	99	54	84	62	84	89	91	65	73	86	94	91	41
아이슬란드	88	89	39	78	77	69	87	96	54	58	87	100	75	26
아일랜드	88	88	14	64	41	50	88	92	62	78	88	97	97	39
이스라엘	94	99	46	87	85	81	94	89	86	90	94	97	98	26
이탈리아	97	99	39	86	75	87	96	98	88	77	92	98	98	18
일본	43	51	37	30	38	40	29	50	31	37	29	61	60	17
한국	80	85	42	64	68	56	75	69	60	46	63	79	68	7
룩셈부르크	87	98	32	65	52	64	96	67	74	32	47	98	98	23
멕시코	95	97	68	94	89	90	95	91	92	62	90	97	96	43
네덜란드	95	97	52	66	73	50	76	82	79	75	80	86	71	16
뉴질랜드	99	98	68	98	73	42	78	84	74	87	97	83	94	12
노르웨이	81	88	24	70	49	55	90	91	48	47	81	98	95	28
폴란드	94	97	93	95	89	96	91	99	92	71	80	97	93	37
포르투갈	93	97	9	94	65	49	91	89	48	82	97	99	97	7
슬로바키아	97	99	86	87	86	90	86	98	91	76	96	91	91	15
슬로베니아	99	100	77	78	85	90	90	95	85	65	93	98	94	23
스페인	86	97	28	85	55	45	86	86	66	71	92	99	99	63
스웨덴	90	96	38	83	63	29	89	90	52	68	93	98	87	13
스위스	72	82	64	34	60	61	85	80	59	17	54	92	83	31
터키	85	95	70	93	85	90	75	90	87	78	93	97	99	36
영국	100	100	93	100	92	88	90	96	95	97	99	96	97	29
미국	98	98	95	96	94	72	95	97	94	88	90	97	96	16
OECD 평균	88	93	50	75	69	66	86	89	72	61	82	94	90	29

출처: PISA 2010(OECD)로부터 작성
주: 프랑스의 'w'는 데이터 없음

H	교사의 지식과 스킬을 갱신하는 가능성의 시사
I	교육목표에 의한 교실 활동의 검증
J	교육과정 개발을 위한 테스트 결과의 활용
K	교육과정 조정의 책임의 명확화
L	교사가 교실 문제를 안고 있을 때 협동으로 해결
M	교실의 문제행동에 대한 주의
N	교사가 쉴 경우 대체 수업

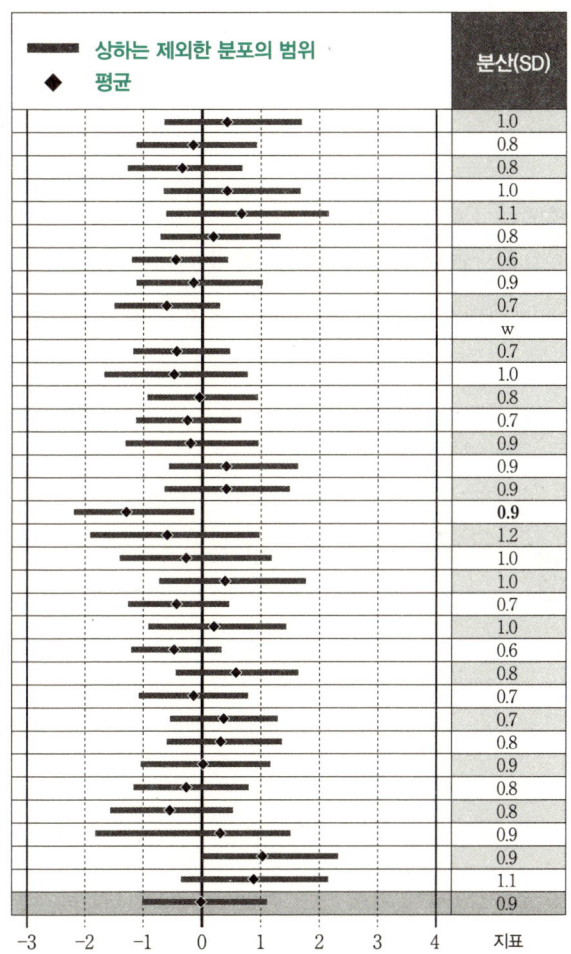

8장. 교사가 서로 배우고 성장하는 학교 - 동료성의 구축 ·

159

과 교사는 유럽형 교장제도를 선택할 것이다. 나도 마찬가지다.

유럽형 교장제도로의 이행을 선택하는 근거는 3가지가 있다. 하나는 미국형의 교육전문가 교장제도로 이행해도 현재의 일본 학교의 관료주의적인 분업에 의한 직무의 다망화(多忙化)와 경직화는 해소되지 않는다는 데 있다. 일본 교사의 다망은 세계 제일이지만, 그 요인은 학교경영의 잡무가 많고 회의가 많다는 데 있다. 수업을 담당하지 않는 교사도 몇 명이나 있고 직무와 책임이 분업화되어 있기 때문에 셀 수도 없을 만큼 많은 수의 교무분장과 위원회가 조직되어 있으며, 게다가 그 복잡한 조직에 의해 직무와 책임이 개개인 교사에 부과되어 운영되고 있다. 전문가 공동체에서 직무와 책임을 공유하고 협력과 협동으로 일을 수행하는 시스템으로 전환할 필요가 있다.

둘째로, 교장을 비롯하여 부교장, 교감, 주임, 주간 등 많은 중간관리직으로 인해 학교조직이 관료주의화되고 우수한 교사가 교실부터 격리되고 있는 현실을 바꿀 필요가 있다.(병원 원장은 환자 치료를 맡고 있으며, 변호사사무소 소장도 사례를 담당하고 있으며, 대학의 학부장도 수업을 맡고 있다. 전문가 공동체의 책임자는 스스로 전문가의 실천을 수행할 필요가 있다) 지방교육위원회 근무하는 지도주사(학교에 귀속된 파견지도주사를 포함, 한국의 경우 장학사에 해당함)를 포함하여 일본의 학교에서는 30년대 후반 이후 우수한 교사의 많은 수가 중간관리직이 되어 교실의 수업실천으로부터 격리되고 있다. 이것은 유럽형 학교에서는 일어날 수 없는 현상이다. 그 우수한 교사들은 행정적, 관리적, 사무적 업무를 하기 위해 교사가 된 것이 아니다. 그러나 일단 중간관리직에 나간 교사의 대부분은 두 번 다시 교실로 돌아오지 않는다. 이것은 학교 교육에 있어서 어마어마한 손실이다. 그리고 수업을 담당하지 않는 중간관리직의 증가는 학교경영의 관료주의화와 분업화를 촉진하고 교사의 다망화에 박차를 가하고 있다.

세 번째는 미국형 교장을 양성하고 연수하는 시스템도 임기제로 고용하는 시스템도 일본에는 존재하지 않는다는 것이다. 미국의 교장은 대학원 박사과정에서 교장양성 코스에서 교육되고 있다. 교장의 임용과 해고도 임기제에 의하며, 교육위원회와 학교 공모제에 의한 임용에 의해 임기제와 임기의 갱신이 행해지고 있다. 대학원 박사과정에서의 교장양성 시스템도 학교와 교육위원회의 공모에 의한 임기제의 임용시스템도 존재하지 않는 일본에서 미국형 교장제도를 지향하더라도 유명무실해질 따름이다.

유럽형 교장제도로의 이행은 법 개정과 행정개혁을 필요로 한다. 현행의 교장 직무규정에서는 '수업'은 포함되어 있지 않다. 교감, 주임, 주간, 지방교육위원회의 지도주사 등 중간관리직은 법제적으로는 수업을 담당하는 것도 가능하지만, 직무의 반을 교실에서 수업을 담당할 수 있도록 하기 위해서는 대담한 행정개혁이 필요하다. 그러나 학교를 전문가 공동체로 재구성하고 교육의 자율성을 학교에 복권하고 교직의 전문성을 개발하는 학교로 이행하기 위해서는 이러한 법 개정과 행정개혁이 불가피하다. 교장의 일의 중심은 교장실이나 교외 회의실로부터 교내의 교실로 이동되지 않으면 안 되며, 교장의 리더십은 한 명의 아이도 빠짐없이 배울 권리를 보장하고 모든 교사가 창의와 전문성을 발휘하여 직무를 수행하고 전문가 공동체의 일원으로 서로 배우고 성장하는 지원과 그 환경 만들기에서 발휘되지 않으면 안 된다.

교장의 직업 생활 만족도를 조사한 TALIS 2013(제2회 OECD 국제교원지도환경조사)의 항목을 보면, 일본 교장의 만족도는 대상국 32개국 가운데 최저이다. '만약 다시 교장이 될 기회가 있다면 교장직을 선택하겠습니까?'의 질문에 대해서 '선택한다'고 대답한 교장은 61%로, 대상국 평균 89%를 크게 밑돌고 있다. 교장의 직무환경에 관해서 '학교에서의 자신의 달성도에 만족하고 있는가?'의 질문에 대해서 '만족하고 있다'고 대답한 교장의 비율은 60%로, 대상국 평균 93%로부터 한참 떨어져 있으며 일본만이 극적으로 낮다. 교장의 제도적인 위치의 애매함의 결과이며, 전문가로서의 지도성을 발휘할 조건의 근본적인 개혁이 요구되고 있다.

학교와 교사의 자율성

전문가 공동체로서의 학교는 자율성을 확립할 필요가 있다. 그러나 국제적으로 볼 때 일본의 학교와 교사의 자율성이 두드러지게 낮은 것이 현실이다. 지금까지 국제 비교에서 일본 학교의 자율성은 PISA 조사를 통해 인식되어 왔다. 그러나 이 조사의 대상이 되는 학교는 다른 여러 나라가 중학교인 데 비해서 일본만이 고등학교라는 점에 유의할 필요가 있다.(일본의 학년 시작은 10월이 아니고 4월이기 때문에 PISA의 일본 조사는 중학교 3학년이 아니라 고교 1학년에서 행하고 있다) 그 때문에 일본 학교의 자율성이 높다는 인식이 국제적으로 알려져 왔다. 그러나 실태는 반대다. 사실, 초등학교 4학년과 중학교 2학년을 대상으로 하는 TIMSS의 일련의 조사결과를 보면 일본의 교사와 학교의 자율성은 어느 나라보다도 낮은 결과를 보여주고 있다.

최근의 실태를 보여주기 위해 2013년 실시된 TALIS 2013 결과를 제시하면 다음과 같다(표 10, 일본은 사립학교를 포함).

표에서 보는 바와 같이 일본의 '학교 자율성'(중학교)은 대부분의 항목에서 국제 평균을 크게 밑돌고 있다. 일본의 교사 가운데 학교의 자율성이 있다고 회답한 교사 비율은 '교원인사'에서 18.0%(평균 74.7%), '교원 해고'에서 17.4%(평균 68.4%), '초임교사의 급여 결정'에서 6.5%(평균 35.9%), '교원 급여 증가율의 결정'에서 16.1%(평균 37.1%), '교내 예산 배분의 결정'에서 59.5%(평균 82.5%), '교칙 결정'에서 98.5%(평균 95.8%), '학력 평가와 학력정책의 결정'에서 89.6%(평균 79.1%), '입학자 결정'에서 45.9%(평균

〈표10〉 학교의 자율성(중학교) 국제 비교

	교원 인사	교원의 고용	초임교사의 급여 결정	급여 증가율의 결정	학교 예산의 결정
	%(SD)	%(SD)	%(SD)	%(SD)	%(SD)
미국	96.2(2.1)	88.1(3.4)	53.5(5.4)	58.8(5.7)	88.1(3.6)
호주	90.9(2.2)	72.9(4.0)	33.2(4.5)	29.5(3.8)	93.9(3.5)
브라질	37.6(1.6)	38.0(1.8)	18.8(1.1)	18.3(1.3)	66.0(2.3)
불가리아	100.0(0.0)	100.0(0.0)	81.6(3.0)	88.9(2.7)	97.6(1.4)
칠레	73.6(3.3)	71.9(3.4)	61.6(3.3)	61.4(3.3)	66.3(3.2)
크로아티아	100.0(0.0)	96.3(1.4)	2.9(1.3)	2.0(1.1)	82.4(2.8)
키프로스	24.9(0.2)	23.8(0.1)	23.1(0.1)	23.1(0.1)	50.4(0.2)
체코	100.0(0.0)	100.0(0.0)	98.2(1.1)	96.6(2.0)	100.0(0.0)
덴마크	100.0(0.0)	97.7(2.2)	45.3(5.2)	48.6(5.5)	100.0(0.0)
에스토니아	100.0(0.0)	99.7(0.3)	95.4(1.4)	83.8(2.9)	97.5(1.1)
핀란드	79.5(3.3)	54.2(4.2)	24.4(3.6)	29.0(4.3)	95.7(1.7)
프랑스	31.4(2.7)	16.2(2.2)	1.2(0.7)	1.8(0.8)	97.5(1.3)
아이슬란드	100.0(0.0)	100.0(0.0)	14.5(0.1)	28.0(0.2)	70.2(0.1)
이스라엘	85.9(1.9)	75.9(2.8)	16.3(4.0)	23.8(4.2)	73.8(3.9)
이탈리아	76.8(3.3)	56.0(4.0)	7.7(1.6)	8.0(1.7)	94.4(1.7)
일본	18.0(2.4)	17.4(2.4)	6.5(1.2)	16.1(2.5)	59.5(3.7)
한국	42.1(3.2)	32.8(3.3)	11.6(2.6)	8.7(2.2)	95.4(1.8)
라트비아	99.5(0.5)	100.0(0.0)	75.9(4.3)	72.3(4.4)	94.7(2.5)
말레이시아	7.1(2.4)	6.5(2.1)	0.0(0.0)	11.3(2.7)	40.1(4.3)
멕시코	30.7(3.1)	29.2(2.8)	18.1(1.1)	18.5(1.0)	52.2(3.2)
네덜란드	100.0(0.0)	100.0(0.0)	95.4(2.3)	91.6(2.8)	100.0(0.0)
노르웨이	96.2(3.3)	77.8(6.4)	17.4(4.5)	19.4(5.4)	95.8(2.0)
폴란드	99.4(0.6)	99.0(0.7)	49.3(4.3)	32.8(4.2)	90.6(1.9)
포르투갈	90.6(2.0)	57.0(3.5)	11.4(1.8)	8.8(1.6)	86.4(2.7)
루마니아	67.4(3.9)	71.7(3.7)	10.0(2.3)	11.6(2.5)	44.3(3.9)
세르비아	97.7(1.2)	96.6(1.3)	19.8(3.3)	17.9(2.7)	87.3(2.5)
싱가포르	39.9(0.3)	37.1(0.2)	9.7(0.1)	17.8(0.1)	97.4(0.0)
슬로바키아	100.0(0.0)	99.4(0.6)	92.8(1.9)	92.9(1.9)	98.9(0.8)
스페인	26.8(2.0)	25.8(2.0)	5.0(1.4)	5.5(1.3)	54.7(4.1)
스웨덴	98.6(1.3)	87.3(2.3)	79.8(2.7)	96.1(1.5)	97.0(1.3)
국제 평균	74.7(0.3)	68.4(0.5)	35.9(0.5)	37.1(0.5)	82.5(0.4)

교칙 결정	학력 정책의 결정	입학자 결정	교재 선택	교육내용의 결정	교육과정의 실시
%(SD)	%(SD)	%(SD)	%(SD)	%(SD)	%(SD)
87.4(3.5)	64.0(5.6)	79.9(4.5)	84.7(3.5)	60.3(5.3)	87.3(3.4)
98.4(1.1)	90.7(3.2)	98.7(0.6)	100.0(0.0)	86.0(3.0)	100.0(0.0)
94.3(1.1)	65.3(2.4)	76.9(1.6)	95.8(1.1)	55.1(2.0)	46.1(2.2)
98.9(0.8)	78.1(3.2)	88.0(2.3)	97.7(1.2)	66.0(3.5)	76.6(2.7)
97.0(1.2)	88.2(2.7)	95.8(1.5)	96.8(1.3)	78.2(3.3)	84.9(2.6)
96.1(1.4)	66.3(3.2)	59.0(3.4)	89.8(2.3)	33.9(3.5)	18.7(2.7)
93.9(0.1)	82.9(0.2)	32.4(0.2)	60.1(0.2)	35.4(0.2)	29.7(0.2)
100.0(0.0)	99.4(0.5)	100.0(0.0)	100.0(0.0)	100.0(0.0)	100.0(0.0)
100.0(0.0)	93.6(2.1)	92.2(3.9)	100.0(0.0)	94.5(2.0)	91.1(3.9)
100.0(0.0)	100.0(0.0)	98.1(0.9)	100.0(0.0)	96.3(1.2)	98.4(0.7)
97.8(1.3)	74.6(4.0)	84.8(3.4)	99.4(0.6)	75.9(3.8)	89.9(2.9)
100.0(0.0)	70.5(3.5)	61.5(3.8)	99.6(0.4)	21.8(3.4)	47.3(3.9)
100.0(0.0)	93.1(0.1)	84.1(0.1)	98.5(0.0)	70.1(0.1)	91.1(0.1)
99.6(0.4)	89.6(2.6)	83.2(2.6)	93.8(1.6)	79.1(2.9)	93.0(1.7)
100.0(0.0)	89.7(2.3)	98.3(1.0)	100.0(0.0)	94.8(1.7)	100.0(0.0)
98.5(0.9)	89.6(2.0)	45.9(3.6)	43.4(3.2)	53.5(3.4)	55.8(3.7)
97.2(1.5)	51.5(4.1)	85.5(3.0)	99.2(0.8)	66.9(3.8)	95.1(1.7)
97.6(1.8)	91.9(3.1)	99.3(0.7)	98.8(0.9)	76.2(4.4)	96.2(2.2)
64.7(4.0)	20.7(3.5)	27.8(3.8)	88.4(2.9)	10.5(2.7)	84.3(3.2)
87.3(2.8)	45.9(4.1)	72.2(3.5)	93.4(1.8)	22.8(2.3)	36.5(3.4)
100.0(0.0)	98.4(1.6)	100.0(0.0)	100.0(0.0)	100.0(0.0)	100.0(0.0)
92.9(2.2)	83.2(4.3)	56.7(7.3)	99.0(0.7)	83.9(4.4)	78.9(4.8)
100.0(0.0)	98.5(0.9)	98.3(1.2)	100.0(0.0)	79.0(2.9)	68.7(3.6)
98.9(0.8)	71.7(3.6)	99.5(0.5)	99.5(0.5)	43.7(3.5)	94.8(1.5)
100.0(0.0)	56.8(3.8)	77.2(3.5)	94.3(1.7)	48.2(4.0)	83.5(3.1)
94.4(1.8)	69.2(3.6)	87.3(2.5)	97.4(1.2)	51.3(3.8)	88.1(2.4)
100.0(0.0)	97.3(0.0)	91.4(0.1)	99.1(0.0)	86.0(0.2)	92.8(0.1)
100.0(0.0)	100.0(0.0)	99.6(0.4)	100.0(0.0)	99.5(0.5)	99.5(0.5)
93.4(1.6)	37.1(3.4)	53.3(4.0)	98.2(0.5)	32.5(3.5)	39.0(3.2)
97.8(1.1)	80.9(2.9)	97.0(1.4)	99.2(0.6)	68.2(3.7)	67.9(3.9)
95.8(0.3)	79.1(0.5)	81.2(0.5)	94.0(0.2)	64.6(0.5)	78.0(0.5)

주: ( ) 안은 표준 오차(SE)
출처: TALIS 2013(OECD)로부터 작성

81.2%), '교재 선택'에서 43.4%(평균 94.0%), '교육내용의 결정'에서 53.5%(평균 64.6%), '교육과정의 실시'에서 59.8%(평균 78.0%)이며, 대상이 된 32개국(표에는 30개국만 제시됨) 가운데 최저 수준에 있다. 이러한 항목과 수치가 보여주듯이 일본의 학교 자율성은 교직 전문성에 관한 영역에서 낮은 수치로 되어 있다. 그리고 이 조사 항목에는 포함되어있지 않지만, 교과서를 학교와 교사가 선택할 수 없는 나라는 일본과 중국을 제외하면 거의 전무하다.

지금까지의 PISA 조사결과에 의하면 일반적으로 자율성이 높은 학교일수록 학력에서 좋은 성적을 보이고 있지만, TIMSS 2007 조사위원회는 학교의 자율성과 학력 성적 사이의 상관관계는 인정되지 않는다고 보고 있다. 그러나 어느 조사결과도 학교의 자율성과 교사의 창조성이나 교사의 전문가로서의 성장과의 사이에는 상관이 있다고 결론짓고 있다.

학교행정과 학교경영 및 학교 평가와 교사평가에서 학교와 교사의 자율성은 결정적으로 중요하다. 학교와 교사의 자율성이 확립되지 않은 상태에서는 학교의 정책도 평가도, 교사의 정책도 평가도 교육행정에 의한 관료적 통제와 시민이라는 레이먼(일반인)에 의한 통제로 갈라지게 된다. 최근 일본의 학교와 교사의 평가·정책은 이 상태에 있다.

이에 대해서 학교와 교사의 자율성이 확립되어 있는 상태에서는 학교와 교사의 평가와 정책은 전문가의 자율성에 의한 평가·정책

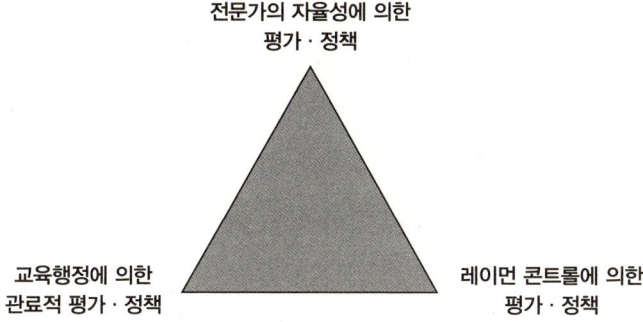

〈그림 8〉 학교와 교사의 평가 · 정책의 트라이앵글

과 교육행정에 의한 평가 · 정책, 레이먼 콘트롤에 의한 평가 · 정책이 트라이앵글을 형성하여 기능하고 있다.

학교 교육 정책 결정이 정상으로 기능하는 것은 〈그림 8〉과 같은 평가와 정책의 3가지 구성요소의 트라이앵글이 균형 있게 기능하고 있을 때일 것이다. 현재 일본의 학교정책과 교사정책의 어려움은 학교와 교사의 자율성이 불충분한 상태로밖에 기능하고 있지 못하기 때문에 학교와 교사의 정책 결정의 트라이앵글이 형성되지 않고 관료적 통제와 레이먼 통제의 각각에 대한 일관된 의사결정이 이루어지지 않고 있다는 것에 있다. 이런 의미에서도 학교와 교사의 자율성 확립은 긴박한 과제이다. 일본이 학교와 교사의 자율성이 약한 요인의 하나는 교원 인사, 학교 예산, 교육과정과 교과서 채택 등 교육의 자율성에 의거한 많은 사항이 시정촌 교육위원회의 권한으로 되어있다는 것이다. 그러나 시정촌 교육위원회에서

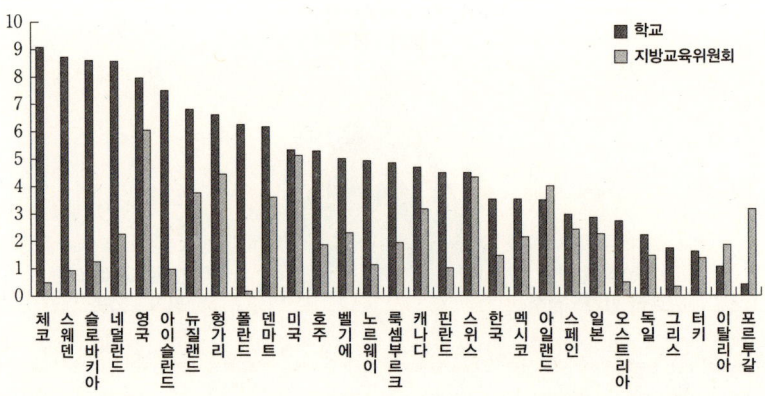

〈그림 9〉 학교의 자율성과 지방교육위원회의 자율성에 대한 국제 비교

출처: PISA 2003(OECD)으로부터 작성

의 자율성도 여러 다른 나라와 비교할 때 강한 것은 아니다. 〈그림 9〉는 PISA 2003 조사결과에 의한 학교와 지방교육위원회의 자율성에 대한 국제 비교이다. 이 그림에서 보는 바와 같이 일본의 시정촌 교육위원회의 자율성은 다른 나라 나라들과 비교하여 높은 것은 아니다. 전문가로서의 자율성(professional autonomy)은 학교정책과 교사정책 전체 관한 논제로서 인식되어야 할 것이다.

학교의 자율성과 어카운터빌리티 정책

학교의 자율성에 관한 논의로 마지막으로 어카운터빌리티 정책과의 연관에 대해서 언급해두고자 한다. 어카운터빌리티 정책과 학교의 자율성 관계는 현대 학교정책, 교사정책의 논쟁적인 문제의 하나이다. 어카운터빌리티 정책은 일반적으로 학력 향상을 목적으로 하여 실시되고 있지만, 과연 학력 향상에 공헌하고 있는 것일까?

이 물음에 대해서 PISA 조사는 흥미진진한 결과를 보고하고 있다. PISA 조사위원회는 어카운터빌리티 정책이 강력하게 추진되고 있는 나라들의 A군과 어카운터빌리티 정책이 약한 나라들의 B군으로 나누어 각각의 군에서 학교의 자율성이 강한 나라들과 학교의 자율성이 낮은 나라들의 학력을 비교했다. 학교의 자율성이 강한 나라란 학교에 인사권, 교육과정 결정권, 재정권 등의 권한이 주어져 있는 나라이며, 학교의 자율성이 약한 나라는 그러한 것이 중앙행정 또는 학교 밖의 행정기관에 의해 결정되고 있는 나라이다. 이 비교 결과는 다음에 나오는 그림과 같다.

〈그림 10〉에서 보는 바와 같이 어카운터빌리티 정책이 강한 나라들(A군)에서는 학교의 자율성이 강한 나라가 학력에서도 높은 성적으로 보이며, 학교의 자율성이 낮은 나라가 학력에서 바람직한 결과를 내고 있지 못하다. 반대로 어카운터빌리티 정책이 약한 나라(B군)에서는 학교의 자율성이 낮은 나라에서 학력이 좋은 성적을 보이고, 학교의 자율성이 강한 나라의 학력은 바람직한 결과를 내지 못하고 있다. 이 결과는 어카운터빌리티 정책은 학교의 자율

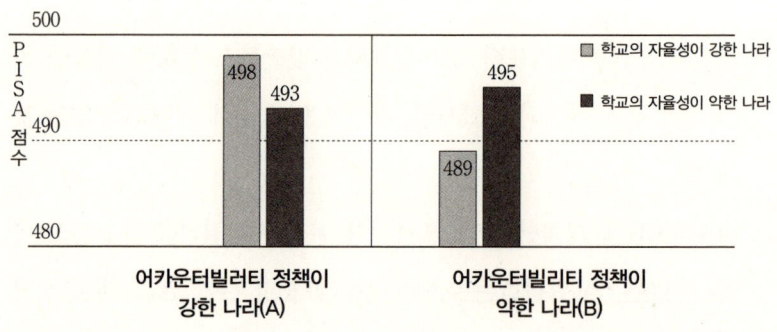

〈그림 10〉 학교의 자율성과 어카운터빌리티의 복잡한 관계

주: 학력 점수는 사회 배경적 지표를 환산하여 보충, 수정하였음.
출처: PISA 2010(OECD)에 의해 작성

성을 쇠퇴시키는 결과를 가져오지만, 어카운터빌리티 정책이 강한 나라일수록 학교의 자율성을 강화하지 않는 한 교육은 약화되고 학력이 저하하게 된다는 것을 보여준다.

일본은 미국이나 한국과 나란히 신자유주의 이데올로기와 정책에 의해 교육개혁이 강력하게 추진되고 학력 테스트에 의한 어카운터빌리티 정책이 전개되고 있는 나라이다. 위의 조사결과는 어카운터빌리티 정책에 의해 학교와 교사의 자율성이 쇠퇴하는 상황에 대항하여 한층 학교와 교사의 자율성을 적극적으로 수립할 필요성을 제기하고 있다.

교육위원회의 현직연수 개혁

이 장의 마지막으로 교육위원회의 현직연수 개혁에 대해서 언급하겠다. 교직의 전문직화를 추진하는 데 있어서 도도부현과 시정촌 교육위원회의 현직연수는 어떻게 개혁해야 할까? 도도부현과 시정촌 교육위원회가 연수센터를 설치하고 현직교육 프로그램을 시작한 것은 1960년대였다. 그 이후 전국에 약 450개의 현직연수센터가 설치되었고 막대한 수의 연수프로그램이 실시되어 왔다. 그러한 연수센터에서는 법정연수인 초임자연수, 10년 경력자연수 외, 교직 경력에 따른 5년 경력자연수, 20년 경력자연수, 기능별 생활지도 주사연수, 교무주임연수, 교장·교감연수, 전문적인 지식이나 기능을 교육하는 교과교육, 학생지도 연구 그 외에도 특정 주제에 기초하여 다양한 강좌의 연수를 제공하고 있다. 이러한 연수 가운데 법정연수인 초임자연수와 10년 경력자연수는 의무화되어 있는 연수이지만, 그 외에는 교사의 자주적인 참가에 의한 연수가 기본이다. 지방교육위원회에 의한 연수시스템은 제도적으로는 거의 완비되어 있다고 말해도 좋을 것이다.

개선해야 할 과제는 법적 정비나 시설 정비, 연수 장좌의 수가 아니라 연수 내용과 연수 방식에 있다. 대부분의 연수프로그램 '전달 강습'이라 불리는 강의 형식의 연수이며, 수강하는 교사는 수동적인 입장으로 참가하고 있다. 게다가 그 대부분은 연수센터 직원이나 지도주사에 의한 강의이며 '가위와 풀'로 자료와 내용이 준비된 연수이다. 이것으로는 초임기 교사 이외의 교사가 자주적으로 참가하는 연수가 성립할 리 없다. 사실, 교직 생활이 바쁜 것도 원인이 될 수는 있으나 현직연구센터의 강좌를 듣는 수강생은 어느 센터에서나 감소하고 있는 경향이다. 현재 교사의 평균 연령은 40대 후반이며, 교사들이 요망하는 연수 내용은 고도화되고 전문화되고 있다. 교사들이 요망하는 질 높은 프로그램을 연수센터가 제공하고 있는가에 대한 재검토가 필요하다.

최근에는 현직연수센터의 연수에서도 '전달 강습' 방식만이 아니라 케이스 메소드나 워크숍, 액션리서치 방식이 도입되고 있다. 앞으로는 '전달 강습'은 최소한으로 하고, 혁신적인 접근에 의한 연수프로그램 개발을 적극적으로 추진할 것이 요구된다.

연수센터가 제공하는 현직연수 내용도 검토할 필요가 있다. 1장의 〈표 6〉에서 제시한 과학과 교사에 대한 현직연수 내용의 국제 비교를 다시 한번 봐주기 바란다.

표에서 보는 것처럼 일본의 교사연수 내용에서는 '과학의 내용', '과학교육', '과학교육과정'이 주요한 내용이며 '비판적 사고와 탐구 기능'이 빠져있고 'ICT 활용'이 불충분하다. 이 결과가 시사하는 것은 일본의 현직연수에서 상정하고 있는 교사의 실천은 전통적인 지식 전달형의 일제 수업의 틀을 넘어서지 못하고 있다는 것이다. '비판적 사고와 탐구 기능'에 의한 창조적이고 탐구적인 배움을 중심으로 하는 수업을 창조하는 교직 전문성 개발은 현재 현직연수 과제로 자리 잡고 있지 못하다. 이러한 현상을 변혁하는 것에서부터 현직연수 혁신을 도모할 것을 요구하고 있다.

지방교육위원회와 연수센터가 실시하고 있는 현직교육 프로그램은 보다 근본적인 문제가 있다. 현직교육 프로그램이 교육위원회와 연수센터를 주최로 하여 제공되고 학습자인 교사의 자주적인 계획에 기초한 것이 아니라는 것이다. 현재 상황에서는 의무로 되어 있는 초임자연수과 10년 차 연수 이외는 수강하지 않는 교사도 존재한다.

앞으로는 한 명도 빠짐없이 현직연수를 달성할 수 있도록 학습자(교사) 중심의 연수로 전환해야 할 것이다. 교육위원회와 연수센터는 한 명 한 명의 교사에게 '연수계획' 포트폴리오를 요구하고 그 계획의 수행을 지원하는 시스템으로 이행해야 할 것이다. 포트폴리오의 내용에는 종래의 강습에 더해 연구회의 참가, 다른 학교의 방문, 학습회의 실시, 공개 수업의 실시, 대학(대학원)에서의 협동연구 등 다양한 내용이 인정되어야 하며 그 계획의 실현에 교육위원회와 연수센터는 최선을 대해야 할 것이다.

대학과 대학원 개혁
- 전문가 교육으로의 패러다임 전환 -

개혁과제의 전환

교사교육의 고도화와 전문직화를 준비하기 위해서 대학과 대학원은 어떤 개혁을 준비해야 할 것인가? 검토해야 할 논제는 많고 과제는 산적되어 있다. 다음에서는 검토해야 할 주된 논제를 열거해보겠다.

1. 교사교육의 표준 수준을 학부 수준에서 대학원 수준으로 고도화할 것
2. 대학·대학원의 교사교육을 전문가 교육에 걸맞게 재구축할 것
3. 국립 교육계 대학과 교원양성학부의 미래상을 그려낼 것

4. 일반 대학에서의 교사교육의 질을 향상시킬 것
5. 교사교육에서의 면허장주의와 단위주의를 극복할 것
6. 교직대학원의 존립 방식을 재검토하고 전문가 교육의 대학원으로 개혁할 것
7. 연구대학의 교육학부와 교원양성계 대학·교육학부의 벽을 극복할 것
8. 다양한 대학이 연대하는 '지역교원양성기구(가칭)'를 구축할 것
9. 다원적인 교사교육 기관의 공존시스템을 구축할 것
10. 대학·대학원과 학교의 파트너십을 구축할 것
11. 대학·대학원과 교육위원회의 협동을 실현할 것
12. 양성교육·도입교육·현직교육의 계속성과 일관성을 실현할 것

이러한 개혁을 주도하는 원리를 3가지 제시하겠다.

첫 번째 개혁원리: 전문가 교육으로서의 교사교육의 실현
두 번째 개혁원리: '면허장주의'에서 '전문성 기준'으로의 이행
세 번째 개혁원리: 다원적 시스템에 의한 개혁의 실현

일본의 대학·대학원에서의 교사교육의 특성은 다원성에 있다. 유럽 여러 나라의 대학에서는 교사교육은 교사 양성을 목적으로

하는 '목적 양성'이다. 기본적으로 교육학부(대학원)에서 실시되고 있다. 더구나 유럽의 대학은 전부 국립대학이다. 한편 미국 대학의 교사교육은 일본과 같이 과정 인정에 의해 이루어지고 있으며, 교육계 대학원과 일반 대학에서 행하고 있다. 그러나 미국 일반 대학의 교사교육은 일본 일반 대학의 교직과정처럼 '옵션(선택)'으로 제공되고 있는 것은 아니다. 미국의 학부교육은 교양교육을 목표로 하고 있으며, 주전공으로 교육학을 이수하고 부전공으로 특정 과목(수학, 역사학 등)을 이수하면 초등학교의 교원면허를, 주전공으로 특정 과목, 부전공으로 교육학을 이수하면 중학교·고교의 교원면허를 취득할 수 있다. 그리고 보통 교직과정은 학사학위 취득 후에 설치되어 있다. 그리고 미국 교사교육 기관의 80% 이상은 주립대학이다.

여러 외국의 교육기관과 비교할 때 일본 교사교육 시스템은 예외적으로 복잡하다. 교사교육을 담당하고 있는 대학은 600개교(대학의 80%), 대학원은 432개(대학원의 70%)이다(2012년 문부과학성 교직원 조사). 교원양성을 목적으로 하는 교육계 대학과 교육학부는 국공사립을 합쳐 100개 이상 존재한다. 그리고 단기대학의 253교(71%)는 과정(課程) 인정을 받고 있다. 더욱이 일본의 대학은 약 80%가 사립대학이며, 교사의 약 반수가 사립대학 졸업자이다. 다시 말하면 국립대학의 교사교육에 한정하여 보더라도 교원양성의 단과대학, 지방대학의 교원양성학부, 연구 중심의 대학(구 7제국대학과 쯔쿠

바대학과 히로시마대학)의 교육학부, 나아가서는 효고 교육대학, 나루토 교육대학, 죠에츠 교육대학의 신구상대학이 있다. 이러한 대학과 대학원에서 매년 약 20만 명이 교원면허를 취득하고, 약 3만 명이 교직에 부임하고 있다.

덧붙여 교사의 채용, 임용, 연수도 미국이나 유럽과 비교하면 복잡하다. 유럽 여러 나라의 교사들은 국가공무원이며, 미국의 교사도 주(state)가 채용하여 임용하고 있다. 일본에서는 도도부현 교육의원회가 채용과 임용과 연수를 맡고 있으며, 그 개혁은 도도부현 단위에 위임되어 있다. 문부과학성이 교사정책을 결정했다고 하더라도 그 예산의 대부분은 도도부현이 떠맡고 있다.

이 복잡한 다원적인 시스템과 상호 역할 대립이 교사교육 개혁을 복잡한 것으로 하고 곤란하게 해 왔다. 교사교육의 큰 틀이 65년간이나 거의 변화하지 않은 요인은 이 복잡하고 다원적인 시스템에 의한 이해관계에 있다. 이 장에서는 그 곤란을 인식하면서 그랜드 디자인에 접근해 보고자 한다.

교사교육의 고도화

교사교육의 고도화가 긴급한 과제라는 것은 반복적으로 지적해 왔다. 교사의 석사학위 취득률의 국제 평균은 초등학교 교사, 중학교 교사 모두 20%를 넘고 있음에도 불구하고 일본 교사는 불과 몇 %에 머물고 있다. 일본 교사 가운데 석사학위 취득자(전수면허장 취득자)의 비율은 유치원 교사가 0.5%, 초등학교 교사가 3.1%, 중학교 교사가 5.8%, 고교 교사가 12.8%(사립학교는 17.5%)이다.(문부과학성 '2010년도 학교교원통계조사 보고서') 신규 채용 교사의 전수면허장 취득자는 점차 증가하는 경향(초등학교 6.4%, 중학교 12.1%, 고교 22.5%, 2010년)에 있다고는 하지만, 세계 각국의 신규 채용 교사의 과반이 석사학위를 취득하고 있을까? 대학원 수준의 교사교육을 경험하고 있는 현상에 비추어 볼 때 교사의 교육 수준의 국제적 지위 격차는 확대될 뿐이다.

문부성이 대책이 없었던 것은 아니다. 여러 외국과 마찬가지로 1980년대에 문부성은 교사교육의 고도화에 착수하여 '전수면허장'을 마련하고 현직교육을 목적으로 하는 신구상대학을 창설하여 지방 국립대학 교육학부에는 모두 '학교교육학전공'의 석사과정을 설치했다. 그러나 그 후, 교사교육의 고도화는 암초에 좌초한다. 도도부현 교육위원회가 충분한 예산 조치를 취하지 않았기 때문에 대학원에 진학할 수 있는 것은 각 현에서 많아야 연간 30명 정도로 교사의 0.1% 정도에 머물렀다. 그 때문에 애당초 대학원 대학이어야 할 신구상대학도 학부를 창설하게 되고 현재에는 학부 교원양성이 중심이 되고 있다.

도도부현 교육위원회의 재정 조치에 고민한 문부성은 2001년 이후 공립학교 교사가 전수면허 취득을 목적으로 대학원에 진학할 경우는 3년을 넘지 않는 범위에서 휴직할 수 있는 제도를 마련해 왔다. 그러나 휴직 중에는 무급이기 때문에 이 제도를 활용하는 교사는 적고, 2003년 375명을 정점으로 매년 감소하고 있다(2011년은 178명). 약 100만 명의 교사 가운데 휴직 제도를 활용하고 있는 교사가 178명이라는 상황에서는 이 조치도 거의 기능하지 않고 있는 것과 같다.

교사교육의 고도화가 진전되지 못한 또 하나의 요인은 도도부현의 교원 채용에 있다. 신규 채용자의 학력별 내역을 보면, 초등학교(채용률 21.8%)에서는 교원양성 대학·학부 졸업 응시자의 28.5%, 일반대 졸업 응시자의 19.3%, 단기대학 졸업 응시자의 10.0%, 대학원 졸업 응시자의 22.2%가 채용되며, 중학교(채용률 12.1%)에서는 교원양성 대학·학부 졸업 응시자의 22.6%, 일반대 졸업이 9.9%, 단기대학 등 졸업이 4.0%, 대학원 졸업자의 14.3%가 채용된다. 고교(채용률 12.2%)에서는 교원양성 대학·학부 졸업 응시자의 18.4%, 일반 대학 졸업이 10.4%, 단기대학 등 졸업이 9.6%, 대학원 졸업자의 16.8%를 채용하고 있다(2010년). 이 수치가 보여주는 바와 같이 대학원에서의 전수면허장 취득은 초등학교 교원의 채용, 중학교 교원의 채용, 고교 교원의 채용에서 평가받지 못하고 무시되고 있다.

즉, 교사교육의 고도화 필요성은 문부성이나 대학에서는 인식되어 왔지만, 도도부현 교육위원회에서는 이해받지 못해 온 것이다. 교사가 국가(혹은 주)공무원인 여러 외국에서는 생각할 수 없는 장애이다. 문부과학성도 대학도 이 장애를 해결할 유효한 타개책을 찾아내지 못하고 있다.

그러나 2012년 중앙교육심의위원회 답신에 의해 고도화는 서서히 속도를 내고 있다. 표준면허가 석사 수준이 됨에 따라 사태는 속도를 낼 것이다. 도도부현 교육위원회도 채용과 연수의 개선을 요구받게 된다. 이미 교직대학원 수료자는 90% 이상 취직률을 보이고 있다. 채용에서 전수면허장 취득자를 평가하던 도도부현도 증가하는 경향이 있다. 이미 40% 이상을 전수면허장 취득자에서 채용하는 현도 나타나고 있다. 석사 수준이 표준면허로 이행하게 되면 도도부현도 현직교육에 의해 석사학위 취득을 추진하게 되며, 현직교육의 재정 조치가 힘든 도도부현은 신규 채용에서 전수면허장 취득자를 우선적으로 채용하지 않을 수 없게 된다.

교사교육의 고도화에 대해서 대학과 대학원은 어떻게 대응해야 할 것인가? 전수면허의 수정이 우선 이루어질 필요가 있다. 현행 전수면허는 석사학위를 취득하는 것과 '교과 또는 교직에 관한 과목 24단위'를 취득하는 것이 요건이다. 이 요건이 제시하는 것처럼 전수면허는 반드시 교사의 전문가 교육을 보장하는 것이 아니다. 통상 대학원에서 교직과목을 이수하지 않더라고 전문과목만으로 전수면허를 취득할 수 있다. 교육학 관련 전공이 없는 대학의 대학원에서는 전수면허를 위한 '교직에 관한 과목'은 개설되어 있지 않기 때문에 '교과에 관한 과목'만으로 전수면허를 제공하고 있다. 이 실태를 개선하지 않는 한 교사교육의 고도화를 달성했다고 말할 수 없다. 이미 중앙교육심의회에서 논의되어 왔지만, 전수면허의 취득 조건에 '교직에 관한 과목' 이수를 일정 단위 수로 조건을 둘 필요가 있다. 이와 함께 전수면허 과정 인정을 하고 있는 대학은 고도화에 동반하여 전문가 교육에 적합한 교육과정으로 개선할 필요가 있다(6장 참조).

교사교육의 고도화를 추진하기 위해서 각 대학·대학원이 해야 할 일이 많다. 우선 필요한 것은 현직 교사에 진학의 문호를 여는 일이다. 대부분의 교사가 조건만 정비된다면 대학원에서 전문성을 높이기를 희망하고 있다. 모든 교사에게 교직 5년에 1년, 10년에 1년 또는 2년의 대학원에서의 학습을 유급으로 인정해준다면 대부분 교사의 염원이 이루어질 것이다.

그 염원에 대응하기 위해서 현직에 부임한 채로 대학원에 진학할 수 있는 야간대학이나 야간 강좌 조치를 강구해야 할 것이다. 내가 객원교수로 있었던 하버드대학교 교육대학원에서는 대부분의 수업을 오후 5시 이후에 개강하여 현직 교사가 진학할 수 있게 배려하고 있다. 2015년에 창설된 학습원대학 대학원 교육학 전공은 야마노테선 메지로 역에서 걸어서 30초라는 입지 조건을 살려 개강 과목 대부분을 오후 4시 20분 개강과 오후 6시 개강의 시간대에 배치하고 여름방학이나 겨울방학의 집중강의에 약 반수의 과목을 할당하여 현직 교사가 현직 상태로 배울 수 있게 배려하고 있다. 하나라도 많은 대학원이 이러한 배려를 한다면 현직교육에 의한 교사교육의 고도화는 한순간에 추진될 수 있을 것이다.

교사교육의 전문직화

현재, 일본의 대학에서 전문가 교육(professional education)에 가장 접근한 교사교육을 실현하고 있는 것은 지방 국립대학교 교육학부의 대학원 '학교교육학 전공'일 것이다(나중에 언급하겠지만 교직대학원은 안타깝게도 전문가 교육의 내실을 이루지 못하고 있다). 학부교육에서의 교사교육도 대학원에서의 교사교육도 전문가 교육에 적합한 학부·대학원으로 개혁되지 않으면 안 된다. 현행의 일본 교사교육은 '교육공무원' 양성은 하고 있어도 '전문가로서의 교사'는 양성하고 있지 않다.

전문가 교육은 전문성 기준(professional standards)에 입각하여 교육이 조직되고 실시될 필요가 있다. 전문가 교육은 고도의 학술연구에 의해 유지되고 시민적 교양을 이수하는 학사과정을 전제로 하여 해당 분야의 학문적인 전문적 지식을 '지식 기초(knowledge base)'로 조직하지 않으면 안 된다. 그리고 전문가 교육 교육과정은 케이스 메소드(case method)를 중심으로 이론과 실천의 통합을 실현하지 않으면 안 된다. 그리고 마지막으로 전문가 교육은 도입교육(induction)을 매개로 하여 평생학습으로의 현직교육과 접속하지 않으면 안 된다.

2차 대전 이후 교사교육 개혁에서 전문가 교육의 구상이 전혀 없었던 것은 아니다. GHQ 민간정보국이 추진한 IFEL 강습은 전문가 교육으로서의 현직연수를 기획하고 있었으며, 교육쇄신위원회 회원인 기도만타로(城戸幡太郎) 교사교육 구상은 전문가 교육을 지향하고 있었다. 그리고 도쿄대학교 교육학부를 창설한 카이고 도키오미(海後宗臣)의 학부 구상과 나고야대학교 교육학부의 창설 구상에서는 전문가 교육으로서의 교사교육과 학술연구로서의 교육학 연구가 하나로 통합되어 있다(1949년 창설 때의 도쿄대학교 교육학부는 학부 교수, 조교수, 강사가 되기 전에 교직 경험을 필요로 하는 시스템을 실시하고 있었다).

그러나 그 후 전문가 교육의 이념과 철학의 결락으로 교사교육 연구와 실천은 '아카데미즘 지향'과 '직업훈련 지향'이라는 쓸데없는 이항대립을 낳게 된 것이다. 문부성 정책에서 '실천적 지도력'이라는 애매한 개념에 의한 '아카데미즘 지향'에 대한 대항도 쓸데없는 이항대립을 격화시켜 왔다.

여기에서 유의해두어야 할 것은 교사교육의 '아카데미즘 지향'에서의 일종의 꼬임 현상이다. 2차 대전 이전에도 '아카데미즘 지향'이 강했던 것은 제국대학의 교육학보다도 사범대학의 교육학이었지만, 전후에도 '아카데미즘 지향'은 구 제국대의 연구대학보다도 오히려 교원양성계 대학·학부에서 두드러졌으며 교원양성계 대학·학부에서도 교직 전문 담당 교원에게 두드러지게 나타났다. 이 꼬임 현상은 현재도 해소되지 않고 있다. 얼핏 보면 모순되지만 교육연구에서 실천적 연구를 적극적으로 추진하고 있는 것은 어느 나라에서나 상위권의 연구대학이며 교원양성계 대학·학부 교원들이 '아카데미즘 지향' 의식을 강하게 안고 있다. 이 현상은 교원양성계 대학·학부의 교사교육 현실이 전문가 교육으로의 수준에 미치지 못하고 사범대학 수준에서 주춤거려 왔기 때문이다.

이 꼬임 현상은 교원양성계 대학·대학원 학생과 원생의 불만으로 표현되어 왔다. 교원양성계 대학·학부 교육은 한편에서는 교사의 실천과는 거리가 먼 '심원한 학문' 강의로 일관하고 있는가 하면, 또 한편에서는 대학이나 대학원 수준이라고는 생각할 수 없는 '실천적 지도력' 강의가 되고 있다는 불만이다. 아주 정확한 불만이다.

교사교육 개혁이 곤란한 것은 사범교육을 대학에 어울리는 수준으로 향상시키는 것과 전문가 교육에 적합한 질로 높이는 것을 동시에 달성하지 않으면 안 된다는 데에서 유래하고 있다. 학생과 대학원생의 불만이 적확하게 표현하고 있는 바와 같이 교사교육은 학문 교육으로서도 전문가 교육으로서도 충실하게 개혁되지 않으면 안 된다.

교사교육의 전문직화에 있어서 무엇보다도 필요한 것은 '전문성 기준'의 확립이다. 그것 없이는 교사교육의 철학과 정책을 표명할 수 없으며, 전문가 교육 교육과정을 개발하는 것도 불가능하다. 교원 자격의 국가시험이 존재하지 않는 일본에서는 국가 수준의 '전문성 기준'이 존재하지 않는다. 이 현상을 바꾸기 위해서는 각각의 대학과 대학원에서 교사교육 정책과 철학을 언명하는 '전문성 기준'을 작성하고 그것에 기초하여 교사교육의 교육과정을 개발할 필요가 있다.

이미 몇몇 대학과 대학원에서 '전문성 기준'을 작성하여 그 기준에 따라서 교사교육 교육과정을 개발하는 도전이 시작되고 있다(내가 근무하는 학습원대학교 대학원 교육학 전공의 '전문성 기준'에 대해서는 6장 참조).

그것과 병행하여 전문가 교육의 '지식 기초'와 케이스 메소드를 개발하는 일이 필요하다. 교사교육의 '지식 기초'란 '시민적 교양' '교과 교양' '교직 교양'의 3영역의 지식이며, 그러한 학문 수준을 높일 것을 요구하고 있다. 고도의 교양과 고도의 전문적 지식이 전문가 교육을 내실 있는 것으로 해 주는 것이다.

그리고 마지막으로 교사교육의 전문직화는 케이스 메소드와 실천 경험(실습 혹은 임상 경험)의 개발에 의해 달성된다. 케이스 메소드는 사례를 통한 '성찰(reflection)과 판단(judgement)'의 교육이며 이론과 실천의 통합을 목적으로 하고 있다. 한편 실천 경험은 교사교육에서는 '배움의 디자인과 성찰'의 배움이 중심이 된다(6, 7장 참조). 이러한 것들은 전문가 교육의 중핵이며, 교사교육 교육과정의 가장 중요한 과제이다.

현행 교원양성 과정에서는 케이스 메소드도 실천 경험도 전문가 교육에 적합한 내용이라고는 말하기 어렵다. 케이스 메소드는 교사교육 교육과정의 중핵에 위치하고 있지 않으며, 실천 경험은 단기간의 체험주의 실습에 머무르고 있다. 교육실습 방식은 사범학교 시대 방식에서 거의 바뀌지 않고 있는 것이 현실이다. 최근 실습경험의 기회를 늘리는 시도도 교육학부에서 널리 퍼지고 있지만, 그로 인해 '지식 기초'의 학문교육이 소홀해지고 있으며 교사교육의 질적 저하를 가져온다는 위구(危懼)가 있다. 필요한 것은 전문가교육의 현실이며 체험주의의 실습경험의 확장이 아니다.

교원양성계 대학과 학부의 장래상

지방 국립대학의 교원양성계 대학과 교육학부는 창설 이후 혼미와 혼란 속에 놓여 왔다. 그리고 현재는 존망의 위기에 직면해 있다.

지방 국립대학의 교원양성계 대학과 교육학부는 전후 교양교육

(리버럴 아츠)의 대학·학부(가쿠게이대학의 학예학부)로서 출발했다. '대학에서의 교원양성'이라는 전후의 이념은 전후 직후에는 사범교육의 부정, 리버럴 아츠의 교육과 교사교육의 동일화로 체현된 것이다. 거기에는 이념과 실태의 채우기 어려운 간극이 있다. 이념상으로는 사범교육을 부정해가면서 현실적으로는 새롭게 만들어진 교육계 대학·교육학부(당시는 가큐게이대학 학예학부)는 인원 배치도 교육과정도 사범학교를 그대로 이어받아 성립했다. 대학 교원의 자격 심사는 했지만 최초의 교수자격심사에 합격한 사람은 전국에서 몇 명에 불과하며, 다음 해 기준을 완화해도 합격자는 극히 일부로 그다음 해에는 사실상 무심사로 거의 전원을 교수, 조교수로 승인하게 되었다. 일반에는 알려져 있지 않지만 교원양성계 대학·학부의 포스트 배치는 오늘날까지 사범학교에서의 포스트 배치를 계승하고 있다.

이 사정이 교원양성계 대학·학부 개혁을 계속 저지해 왔다. 교원양성계 대학·학부는 교양교육을 지향하는 세력, 교사교육을 지향하는 세력, 전문학부를 지향하는 세력의 3가지로 분열되어 각각 서로 충돌하면서 교착상태가 되어 내부로부터의 개혁을 계속 막아왔다. 그 결과 교원양성계 대학·학부는 교사교육으로서도 불충분하고 교양교육으로서도 불충분하고, 학문교육에 있어서도 불충분한 상황을 탈출하지 못하고 그 불만은 교원에게도 학생에게도 쌓여왔다. 3가지 소용돌이의 내부 대립은 이념으로서는 '리버럴 아츠에 의한 교사교육'을 내세우면서 현실에는 사범학교의 지위와 교육과정을 계승하여 대학으로 격상한 전후 개혁의 모순에서 파생되었다.

이 교육학부 내부 대립에 대해서 문부성은 유효한 해결을 도모해 왔다고 말하기 어렵다. 1960년대 중반 교사교육에 대한 목적적 재편(학예학부에서 교육학부로), 1990년대의 제로면과정(교직 이외의 진로에 대응한 과정)의 신설 2000년 이후 교원양성계 대학·학부의 통합안, 교직대학원의 신설 등은 오히려 학부 내부의 대립을 격화시켜, 교육학부는 문부성으로부터 개혁안이 제시될 때 불면불휴의 회의에 쫓겨 피폐해져 창조적인 비전도 개혁 의지도 상실하고 있었다. 그 일은 최근 20년간 교육대학협회가 거의 자주적인 개혁을 추진하지 않고 있는 사태를 보아도 알 수 있을 것이다. 안타까울 따름이지만 교원양성계 대학·학부는 만성적인 위기와 개혁에 대한 불감증에 빠져 있다.

게다가 '면허장주의'에 의한 통제는 엄격하고 대학교육으로서도 불충분, 전문가 교육으로서도 불충분한 실태로, 교원도 학생도 허덕여왔다. '면허장주의'의 폐해는 일반 대학에서는 교직과정에 한정되지만, 교원양성계 대학·학부에서는 교육과정 전체가 통제되기 위해 결정적 손해를 입히게 된다. 실제 교원양성계 대학·학부는 1980년대에 '학교교육학' 전공이 설치되기까지 학부 과정제가 취해져 다른 학과와 전공과 비교하여 연구조건도 예산도 열악한 상태에 놓여 있다.

'면허장주의'가 대학 원칙보다 우선하고 있는 실태는 현재도 변하지 않고 있다. 예로 교원양성과 현직교육을 목적으로 하는 대학원 석사과정에는 단과대학 졸업으로도 교사라면 입학이 인정되며 전수면허장을 취득할 수 있다. 이 사실은 교원양성계 대학·학부에서는 대학의 윤리보다도 면허장 윤리가 우선하고 있음을 보여주고 있다.

법인화 후, 교원양성계 대학·학부는 존망의 위기에 직면하고 있다. 교원양성계 대학·학부는 국립대학 학생의 약 20%를 떠안고 있지만, 학생 1인당 비용은 문과 비용과 이과 비용의 중간에 있으며 더욱이 외부 자금의 도입은 예산에 고려하지 않고 있다는 불리한 조건에 있다. 그 때문에 인건비가 국가로부터의 운영비 교부금의 90% 가까이 차지하고 있으며 독립적으로 유지하는 것은 불가능한 사태에 있다. 게다가 교원양성계 대학·학부는 학문 분야에서도 총합적이고 다른 학부의 신설이나 확장 때는 모양 좋은 풀베기 장이 되고 있다. 법인화 후의 대학 내부의 포스트와 이권 투쟁에서 결정적으로 불리한 상황에 놓여 있는 것이다.

그러나 지방 국립대학의 교원양성계 대학·학부는 각 도도부현의 교육에서 결정적으로 중요한 역할을 수행하고 있다. 어떤 현이 국립대학 교육학부를 없애려고 한다면 그 현의 문호와 교육은 장래에 되돌릴 수 없는 손실을 입게 될 것이다. 무슨 일이 있어도 국립대학의 교원양성계 대학·학부를 옹호하지 않으면 안 된다.

교원양성계 대학·학부의 장래상을 어떻게 그려 가면 좋을까? 나아가야 할 길은 하나라고 생각한다. 대학원 석사과정의 전문가 교육을 중심으로 한 교원양성계 대학·학부로 이행하는 일이다. 2016년도에 교원양성계 대학·학부는 교직대학원 신설을 결정하고 있다(현재 실설 운영 중임_옮긴이). 교직대학원이 전문가 교육의 대학원인지 아닌지는 나중에 검토하겠지만, 학부교육 중심의 교육계 대학에서 대학원 중심의 교육계 대학으로의 이행을 촉진하는 것만큼은 확실하다. 교원양성계 대학·학부가 존망의 위기에 직면하고 있는 요인의 하나는 학부 졸업자의 약 60%밖에 교사가 되지 못하는 상황이지만, 교사교육의 고도화와 함께 대학원에서의 현직교육의 잠재적 요청은 그치지 않고 있다는 데 있다.

교원양성계 대학·학부의 학부교육은 어떻게 개혁해야 할까? 대학원교육의 확충과 함께 학부교육은 상대적으로 축소하는 것이 타당할 것이다. 이 축소와 함께 학부교육에서는 교사교육과 함께 대학 전체의 교양교육을 담당해야 한다. 오늘날 대학교육의 최대 문제는 교양교육이 기능하고 있지 않다는 데 있다. 학부에서의 교원양성 기능의 축소는 교양교육의 복권 가능성을 여는 것이 된다. 지방 국립대학에서 교양교육을 충분히 기능시키기 위해서는 그 선두에 교육학부가 설 수밖에 없다. 그리고 학부에서의 교양교육의 복권은 교사의 전문가 교육의 '지식 기초'가 되는 '시민적 교양'과

'교과 교양'을 충실하게 하는 일에 이바지하게 된다.

일반 대학·대학원에서의 개혁

　교사교육 개혁은 교원양성계 대학·학부를 중심으로 논의되는 경향이 있지만, 보다 중요한 것은 일반 대학에서의 교원양성이다. 일반 대졸의 신규 채용 교원은 초등학교에서도 반수를 넘고 있으며, 중학교에서는 60% 이상, 고교에서는 약 80%이다. 일반 대학의 교사교육 질이 높아지지 않는 한 교사의 질 향상은 실현되지 않는다. 그러나 일반 대학에서의 교사교육은 교원양성계 대학과 학부 이상으로 많은 문제가 있다. 일반 대학에서의 교직과정은 전문가 교육의 필요성보다도 수험생 획득을 위한 필요에서 설치되고, 열악한 환경에서 교육되고 있다. 대부분 대학에서 늘 일어나고 있는 매스프로 수업(대강당 강의)과 시간강사 의존의 교사교육을 전문가 교육으로서 재구성하여 질을 보증한다는 것은 쉬운 일이 아니다. 이 사태는 왜 일어나며 어떻게 해결해야 할 것인가?

　전후 개혁에서 교육쇄신위원회가 제안한 '개방제'는 '교육학과를 둔 학부'에서의 교사교육을 주장한 것이다. 그러나 그 후 사립대학의 압력에 의해 '교육학과를 둔 학부'는 '전임교원 3명 이상'이라는 기준으로 전환되어 과정인정제도가 발족했다. 이 기준은 변경되지 않은 채 오늘날에 이르고 있다.

 '전임교원 3명 이상'이라는 기준에서 실시된 교사교육이 매스프로 수업과 시간강사 의존에 빠지는 것은 당연한 귀결이다. 게다가 교직과정의 전임교원은 학내에서 학교와 전공에 귀속되지 않는 특수한 존재이며, 일반 교원과 비교하여 연구조건도 교육환경도 열악한 상태에 놓여 왔다. 일반 대학의 교직과정은 교육과정도 학생도 교원도 '선택과정'으로 여겨온 것이다.

 교직과정을 둔 일반 대학의 대부분은 사립대학이었다는 것에서부터 문부성은 교사교육의 질 보증에 대해서 과정 인증(면허장주의)의 엄격한 통제에 따를 수밖에 없었다. 그러나 '면허장주의'에 의한 엄격한 통제에는 한계가 있다. '면허장주의'는 열악한 대학에 대해서는 유효하지만, 훌륭한 대학에서는 오히려 창의적이고 개성적인 도전을 억제하는 폐해를 가져온다. 그리고 '면허장주의'에 의한 통제는 종종 정치적 압력에 의해 내용이 통제되고 교직의 전문직성을 억제하는 폐해가 있다. '면허장주의'가 유효하지 않다고 한다면 일반 대학의 교사교육 개혁은 어떻게 추진해야 할까?

 몇 가지 개선안이 있다. 하나는 매스프로 수업을 해결하기 위해 한 수업당 학생 수의 제한을 정하고 그 기준에 따라 과정 인증을 갱신하는 것이다. 그리고 교육학과 설치는 그것이 필요하지 않다고 하더라도 '전임교원 3명 이상'을 '전임교원 5명 이상'으로 변경하여 학내에 '교직교육센터'를 설치할 것을 과정 인정의 요건으로 하여 그 활동의 인정평가에 의해 교원양성의 질 보증을 실현하는 것도 가능하다.

일반 대학의 교직과정 대부분은 독자적인 정책을 가지지 않고 면허 과목의 개강과 개호체험실습과 교육실습의 실시로 시종일관하고 있다. 대학이 교사교육 정책을 언명하지 않는 한 학생의 면허 과목 단위의 취득밖에 추구하지 않게 된다. 이 현상을 극복할 필요가 있다. 그 해결책의 하나는 대학이 교육하는 교사의 전문가상과 교사교육 정책을 명시하는 '전문성 기준' 작성을 과정 인정과 갱신 요건으로 하는 것이다. '전문성 기준'의 작성은 교직과정의 교육을 전문가 교육으로서 실시하기 위한 요건이며, 대학의 사명으로 교사의 전문가 교육을 자리매김하는 지표로서 유효하다.

그리고 일반 대학에서의 교사교육도 교사교육의 고도화와 전문직화에 대한 적극적인 공헌이 요구되고 있다. 일반 사립대학에서도 교사의 전문가 교육을 담당할 대학원 석사과정의 창설이 추진 권장되어야 하고 문부성은 그러한 대학원 창설에 대해서 조성금을 교부하는 등의 지원을 검토해보는 일도 좋을 것이다.

교육학 전공의 대학원이나 교직대학원의 설치가 곤란한 사립대학에서는 미국과 영국에서 실시되고 있는 것처럼 교직과정을 설치하는 것도 좋을 것이다. 5년 차의 교직과정은 집약적인 전문가 교육을 가능하게 하는 유효한 시책이다.

교육학 전공, 교직대학원, 5년 차 교직과정 어느 것의 설치도 곤란한 일반 대학은 석사 수준의 교사교육을 실시하고 있는 대학·대학원과 협정을 맺어 졸업 후에 보다 고도의 전문가 교육을 학생이 받을 수 있는 환경을 준비하는 것도 필요할 것이다. 더 나아가 자면 몇 개의 사립대학이 협동으로 현직교육을 위한 연합대학원을 개설하는 것도 불가능한 것은 아니다. 앞으로 석사 수준의 교육이 '일반면허장'이 되었을 때는 대학원이 없는 사립대학은 대학 간의 연대로 교사교육의 고도화와 전문직화를 추진하는 일이 요구될 것이다.

교직대학원의 혼란과 개혁

문부성이 추진하는 교사교육 개혁의 열쇠가 되는 것이 교직대학원이다. 그러나 교직대학원은 많은 혼란을 안고 있으며, 그 자체가 개혁의 대상으로서 검토되어야 할 것이다.

교직대학원의 설치 구상은 2004년 여름, 당시의 가와무라(河村) 문부과학대신에 의해 제안되어 나카야마 문부과학대신 밑에서 '교사 자질 향상의 전문직 대학원'으로 중앙교육심의회에 자문(諮問)되었다. 문부과학성은 이에 앞서 2002년에 '전문대학원'을 법제화하지만, 다음 해 법과대학원(법학전문대학원, 2003년에 법제화, 2004년부터 신설_옮긴이)의 설치와 동시에 '전문대학원'에서 '전문직 대학원'으로 제도 변경을 하고 있다. 교직대학원은 이 '전문직 대학원'의 하나로 탄생되었다.

당초 '교직대학원'의 수는 '10개 정도 교원양성계 대학·학부'로 상정되어 있었지만, 그 후 사립대학도 포함하여 15개 대학 정도(이것도 재무성과의 교섭에서 곤란)로 되어, 효고 교육대학, 나루토 교육대학, 죠에츠 교육대학의 3개의 신구상대학 및 대학원 정원 붕괴가 심각한 미야기(宮城) 교육대학, 오사카 교육대학 등의 교원양성계 단과대학에 도입되었다. 2015년 현재 교직대학원의 총수는 25개이며, 767명(현직 356명, 학부 졸업자 411명)이 입학하고 있다. 그리고 2016년부터 교원양성학부를 가진 모든 지방 국립대학에 교직대학원을 설치할 것을 결정하고 있다.(문부과학성은 법인화 후, 예산 압박을 받으며 존속이 위험한 국립의 교원양성계 대학과 학부의 존속을 옹호하기 위해서 교직대학원의 창설을 추진하고 있다. 그러나 그 선의는 오히려 교원양성계 대학과 학부의 존속을 위험에 빠뜨릴 가능성이 크다고 생각된다)

'교직대학원'이 혼란을 겪고 있는 것에는 몇 가지 요인이 있다. 최대 요인은 '전문직 대학원'의 성격과 관련된 혼란이다. '전문직 대학원'은 대학원의 교원에 '실무경험자 30% 이상'이라는 제약을 두고 있다. 즉 '전문직 대학원'은 전문가 교육을 외치면서 미국이나 유럽의 프로페셔널 스쿨과는 비슷하지만 다른 대학원이다.

유럽이나 미국이 프로페셔널 스쿨은 '전문가' 교육을 목적으로 하고 있으며 '실무가' 양성을 목적으로 하고 있지 않다. 유럽과 미국의 프로페셔널 스쿨은 일류의 학술연구를 전문가 교육의 기초로 하고 있다. 실무가가 교수로 근무하는 것이 아니다. 하지만 '전문직 대학원'을 학술연구와 전문가 교육을 대립시켜 실무가 교육을 목적으로 하여 제도를 설계하고 있다. 그 결과 법학전문대학원을 제외한 전문직 대학원은 '전문학교의 대학원' 양상을 보이고 있다.

교직대학원은 당초 교원의 '40% 이상'을 '실무경험자'에서 구하고 '250시간의 교육실습'을 요구하고 있다. 이 요건을 보는 한 교직대학원은 전문가 교육의 프로페셔널 스쿨이 아니라 '실무가' 교육기관이며 '전문학교의 대학원판'으로 구상되어 있음을 알 수 있다. 애당초 유럽과 미국의 교육계 대학원에서는 교사 양성과 교육연구자 양성을 동일 대학원에서 하고 있으며, 양자를 대립시키거나 분리하지는 않는다. 좀 더 덧붙이자면 어느 나라의 교사교육 개혁도 교직 전문직화를 추진하고 있는 것이지, '즉전력'의 '실무가' 교육을 찾고 있는 것이 아니라는 것이다.

교직대학원에서는 결정적인 결함이 또 하나 있다. 교직대학원은 고도 전문직으로서의 교사 양성을 외치면서 교과 전문 지식도 교과 교육법에 관한 지식도 교육과정에서 제외하고 있다. 교직대학원에서 상정하고 있는 전문직상은 왕따 대책, 부등교 대학, 보호자 대응, 학교경영, 카운슬링 등의 전문가이며 수업실천의 전문가란 가정되어 있지 않다. 학교가 직면하고 있는 문제를 해결하는 '즉전력'의 '실무가'로서의 스페셜리스트 양성이 추구되고 있는 것이다.

전문가 교육의 대학원과는 거의 거리가 먼 것이라 말할 수 있다.

그렇다고 하더라도 교직대학원이 현실에 존재하고 나아가 지방 국립대학의 교원양성계 대학원이 모든 교직대학원으로 개조될 것이 결정되어 있는 현재, 그 장래상도 적극적으로 모색할 필요가 있다.

교직대학원의 개혁 원리는 두 가지이다. 하나는 대학원교육에 걸맞은 대학원으로 가는 것이며, 또 하나는 전문가 교육에 걸맞은 대학원으로 가는 것이다. '실무가 교원 40%'와 '350시간의 교육실습'이라는 두 가지 요건은 어느 것 할 것 없이 대학원교육에 걸맞지 않으며 즉각 철폐해야 할 것이다. 전문가 교육에서 우수한 현장 교사와의 파트너십은 불가결하지만, 우수한 교사와의 협동은 그 교사가 학교 현장에 있을 때 유효성을 발휘한다. 현장에서 떠난 교사는 더 이상 능력을 발휘할 수 없다. 대학원에는 시간강사로 임용하고 학교 현장에서 협동하는 쪽이 몇 배나 유효하다. '350시간 교육실습'이라는 요건도 어리석다. 도대체, 현직 교사가 '350시간의 교육실습'을 행하는 것에 교육적 의의가 있을까? 덧붙이자면 전문가 교육에 필요한 것은 '교육실습'이 아니라 이론과 실천을 통합하는 케이스 메소드에 의한 교육이며, 전문가로서의 자립과 자율을 촉진하는 인턴 경험(임상 경험)이다. 그렇게 될 때 비로소 대학원다운 대학원교육이 되며, 동시에 전문가 교육다운 전문가 교육이 된다.

2016년부터 지방 국립대학의 교육학부가 전부 교직대학원을 신설함으로써 지금까지 학교교육학 전공은 폐지되게 된다. 지금까지 교사의 '전문가' 교육을 실질적으로 맡고 학생과 현직 교사들의 평가가 높았던 학교교육학 전공이 폐지되고, 현직 교사로부터도 학생들로부터도 불만이 많은 교직대학원이 지방 국립대학을 석권하게 된다. 이것은 지방 국립대학교 교육학부의 자멸이 될 수밖에 없다. 교직대학원의 전문가 교육으로의 개혁은 시급한 일이다.

연구대학의 교육학부와 교원양성학부

일본의 특수성으로 메이지 이후 학문연구 중심의 연구대학과 교원양성 중심의 교육계 대학을 구분해 온 전통이 있다. 이 틀은 현재도 계속되고 있다. 그러나 해외의 어느 나라에서도 교사교육 개혁을 가장 적극적으로 추진하고 있는 것은 톱 수준의 연구대학이다. 그리고 교사교육을 포기하고 교육학 연구에 전념하는 개혁을 행한 미국 대학의 교육대학원(예일대학과 시카고대학 등)은 모두 다른 전공에 통합되어 소멸하고 있다(일본에서도 예전에 오사카 교육대학 교육학부는 교사교육의 사명을 포기하고 인간학부가 되어 교육학부로서의 성격을 상실했다. 같은 일은 고베대학 등에서도 진행되었다). 교사교육과 분리한 교육학 연구의 대학원은 존재할 수 없는 것이다.

연구대학의 교육학부(교육학연구과)의 벽을 극복한 사례로 2006년에 창설된 도쿄대학교 대학원 교육학연구과의 학교교육고도화 전공이 있다. 이 전공은 교육의 고도전문가 교육을 목적으로 '교직개발코스', '교육내용개발코스', '학교개발정책코스'의 3개 코스에서 교사, 교육행정 관계자, 교사교육에 종사하는 연구자의 전문가 교육을 하고 있다. 이와 같은 개혁은 다른 연구대학에서도 실시되어 왔지만, 앞으로 연구대학의 교육학연구과는 한층 교사의 전문가 교육을 추진하여 프로페셔널 스쿨의 전형을 창출할 필요가 있다.

다원적인 교원양성 기관의 공존시스템

일본의 교사교육은 전술한 바와 같이 유럽형과 미국형을 절충하여 다원적인 시스템을 구성해 왔다. 이 다원성을 고려하지 않는 한 어떤 교사교육 개혁도 이해 충돌을 불러일으키고 꼼짝도 못하게 되고 만다. 다원적 시스템의 유효성을 살린 개혁 비전이 요구된다.

교직 전문직화를 추진하는 개혁은 교원양성계 대학에서의 접근과 지방 국립대학의 교육학부에서의 접근과 사립대학의 교육학부·교육학과에서의 접근과 국공사립 각각의 일반 대학에서의 접근 절차가 각기 다르다. 각각 보유하고 있는 권익과 이해에 구속되는 일 없이 각 대학(학부·학과)이 다양한 접근으로 창의적인 개혁을 추진할 조건을 정비해야 할 것이다. 일본의 교사교육은 학부 단계의 교양교육 이수를 전제로 하여 대학원 수준에서 전문가 교육을 행하는 미국형도 아니고 학부교육과 연속시켜 5년 또는 6년의 전문가 교육을 하는 유럽형도 아닌 특수한 제도로 운영되어 왔다. 그 특수성의 장점은 살리는 것이 당연하며, 다양한 접근을 보장하여 전문직화의 개혁을 추진할 필요가 있다.

예로, 단기대학에서의 교직과정의 미래는 어떻게 대처해야 할 것인가? 단기대학에서 취득할 수 있는 교원면허는 제2종이며, 현실에는 거의 채용 전망은 없지만, 71%가 단기대학(253교)이 과정 인정을 하고 있다. 중앙교육심의회 답신(2012년)의 교원면허개혁이 실시되면 제2종 면허는 폐지되게 되지만, 253개교의 교직과정은 전부 폐지되어야 할 것인가?

이러한 단기대학 교직과정의 폐지를 회피하고 단기대학의 졸업자에게도 교원면허 취득의 가능성을 보장하는 것은 불가능한 것은 아니다. 4년제 대학과의 협정으로 교직과정으로의 편입 혹은 과목 이수를 보장함으로써 현재 단기대학의 교직과정을 존속시키는 것도 불가능한 것은 아니다.

이와 같은 조치는 전수면허의 과정 인정을 하고 있지 않은 대학에 적용할 필요가 있다. 석사 수준이 교원면허의 표준이 되면 대학원에서의 교직과정을 갖고 있지 않은 많은 대학 졸업자는 '기초면허장'은 취득할 수 있어도 '일반면허장' 취득은 불가능하게 된다. 그런 학생들을 위해 대학원의 교직과정이 없는 대학은 전수면허의 교직과정이 있는 대학과 협정을 맺어 학부 졸업 후에 계속해서 전문가 교육을 받을 수 있는 조건을 만들어야 할 것이다.

교사교육의 고도화와 전문직화는 일부 대학에서 달성해야 하는 것이 아니라 다수의 재학이 협력하고 협동하여 달성해야 할 개혁으로서 수행되어야 할 것이다.

'지역교원양성기구(가칭)' 구상

단기대학에서의 교직과정과 4년제 대학에서의 교직과정의 계속교육의 가능성 및 대학원에서의 교직과정이 없는 대학과 전수면허 과정 인정을 하고 있는 대학원 계속교육의 가능성을 추구함으로써 지역별 교사교육을 네트워크로 연결하는 '지역교원양성기구(가칭)'를 구축하는 전망이 생겨난다. 일본의 다원적인 교원양성제도의 장점을 살리기 위해서는 '지역교원양성기구' 구축이 불가결하다. '지역교원양성기구'의 중심이 되는 것은 지방 국립대학의 교원양성계 대학이며 교육학부일 것이다. 이 네트워크는 교사의 전문가 교육의 네트워크로서 기능할 뿐만 아니라 각각의 지역에서 교사정책과 교육개혁의 네트워크로서 기능하는 조건이 될 것이다.

대학과 학교의 파트너십

　교사교육의 전문직화를 추진하는 데 있어서 대학과 학교의 파트너십을 구축하는 것은 불가결하다. 그 참조 사례로 가장 유익하게 생각되는 것이 미국 홈즈 그룹의 교사교육개혁 리포트(1986년)에서 제언한 '교직전문개발학교(professional development school)'의 구상이다. 홈즈 그룹에 의해 제언된 '교직전문개발학교'는 대학과 협동하여 교사의 전문가 교육을 추진하는 거점교이며, 동시에 대학과 협동하여 학교개혁을 추진하는 지역의 거점교이다.
　홈즈 그룹의 "내일의 학교"(Tomorrow's School, 1990)는 '교직전문개발학교'를 다음과 같이 정의하고 있다.

> "우리는 '교직전문개발학교'라는 말에서 단순히 대학의 연구를 위한 실험학교를 의미하는 것도 아니지만, 모범학교를 의미하는 것도 아니다. 그리고 나아가서는 단순히 양성단계의 학생과 시보 교사를 위한 임상적인 시설을 의미하는 것도 아니다. 오히려 그러한 모든 것을 의미하는 것이며, 초임교사가 발달하고 경험교사가 계속 발달하고 교직전문직을 연구 개발하기 위한 학교를 의미하고 있다."

　'교직전문개발학교'는 수업과 배움의 연구와 개발, 교사·행정・관리직, 교사교육자의 협동연구와 배움의 계속, 교직 전문성의 개발, 새로운 학교의 창출을 추진하는 '배움의 공동체'로서의 학교로서 교사교육 개혁의 학교 현장의 추진 모체가 되었다. '교직전문개발학교'는 최근에는 쇠퇴하고 있지만, 1990년대에는 미국 교사교육과 학교교육 개혁의 풀뿌리 네트워크를 형성하고 대학과 학교를 교사교육을 중심으로 연대하는 강력한 파트너십을 형성하고 있다.

지금까지 일본 교사교육 결함의 하나는 대학과 학교가 분리하여 대학의 교육연구와 학교 현장의 수업연수가 분리되고 교육연구자의 연구와 교사의 실천이 분리되고 학생의 배움과 교사의 배움이 분리되고 있다는 것이다. '교직전문개발학교' 구상은 이러한 분리된 연구와 배움을 결합하여, 대학의 교사교육과 학교의 수업연구의 협동을 실현하고 나아가서는 대학의 양성교육과 학교의 현직교육, 교사교육 개혁과 학교개혁의 협동과 접속을 실현하는 중심이 된다. 교사교육을 맡는 모든 대학(학부・학과)이 각각 '교직전문개발학교'를 창설하여 지역 학교와의 밀접한 파트너십을 형성할 필요가 있다.

대학과 교육위원회의 협동

　대학과 지역교육위원회와의 협력관계 구축도 교사교육 개혁의 중요한 과제이다. 지금까지의 대학과 교육위원회와의 관계는 교육실습교의 준비와 학생 자원봉사의 공급을 중심으로 하고 있으며, 양성교육과 현직교육의 연구와 실천에서의 협력과 협동 관계는 희박했다. 대학의 일부 교원은 지방교육위원회가 실시하는 현직연수에 강사로 협력해 왔지만, 양 기관의 협력관계는 조직적으로 이루어져 온 것이 아니다.

　대학과 교육위원회와의 관계는 앞으로 보다 더 체계적이고 보다 조직적인 협동 관계로 발전해야 할 것이다. '교직전문개발학교' 건설은 그 하나의 계기가 될 것이다. '교직전문개발학교'를 건설하면 수업개혁과 학교개혁의 거점교를 대학과 교육행정의 협동으로 추진하는 것이 가능하게 된다. 그리고 '교직전문개발학교'는 교내연수 개발 모델로서 기능하는 것이 기대되며 지역 전체 교사의 현직 연구의 질적 향상에 공헌할 것이다.

　대학과 교육위원회의 조직적인 협력은 교육위원회가 실시하고 있는 연수프로그램 개발과 실천에서도 큰 효과를 기대할 수 있다. 현재는 대학이 제공하고 있는 현직교육 강연과 워크숍과 교육위원회가 제공하고 있는 강좌나 워크숍은 각기 독자적으로 이루어지고 있지만, 앞으로는 그러한 것들을 협동으로 기획하고 협동으로 실시하는 것도 추구되어도 좋다.

도입교육의 제언―시보제도의 구상

아베 정권의 교육재생실행본부는 '신교육직원면허법(가칭)'을 제정하고 대학과 대학원에서는 '준면허'를 준비하고, 채용 후 1~2년간 '인터십제'를 도입하여 인턴십 후에 도도부현의 교육장이 '교원 정성확인제도(가칭)'에 의해 '자격에 상당하는가 아닌가를 판단'하고 '시험'을 실시한 뒤에 '보통면허장(본면허)'을 부여하는 제도를 제창하고 있다. 이 정책은 '대학에서의 교원양성' 원칙을 뒤집고 교직과 교사교육의 전문적 자율성(professional autonomy)을 부정하는 것으로 우려되고 있다.

그러나 대학에서의 준비교육(pre-service education)과 학교 현장에서의 현직교육(in-service education)을 접속하는 도입교육(induction)의 필요성과 가능성에 대해서는 적극적으로 검토할 필요가 있다.

도입교육으로 시보제도(internship)을 활용할 것을 제언하고 싶다. 일 년간의 인턴제도를 신설하여 인턴 기간에서는 정규 교원의 반액의 급여를 제공하고 동시에 대학원의 과목이수생이 되어 석사과정 30단위의 반인 15단위 이수를 의무로 하고 그 비용은 고용자(지방자치단체, 사학의 인턴 교원의 경우는 근무교의 이사회)가 부담하게 한다.

그리고 전수면허 취득자에 관해서는 인턴 기간을 면제하는 것으로 한다. 인턴 기간의 도입교육은 인턴이 이수한 대학원 교원과 근무교의 교원이 협동으로 실시하는 것으로 한다(현행 초임자 연수는 인턴제도 도입과 함께 폐지한다). 그리고 인턴 기간에 이수한 대학원의 단위는 그 후 전수면허(석사 수준이 표준화되면 '일반면허장') 취득 단위의 일부로써 생애에 걸쳐 유효하게 한다.

지금까지 일본의 대학에서의 교원양성에서 결정적으로 불충분했던 것은 교육실습이었다. 일본의 교육실습은 질적으로 보면 사범학교 시대의 방식을 벗어나지 못하고 전통적인 수업을 전제로 한 체험주의적인 실습에 그치고 있다. 양적으로 보아도 여러 외국과 비교가 되지 않을 정도로 빈약하다. 여러 외국의 교육실습은 통상 15~30주를 배당하고 있으며 긴 경우는 1년이 할당되어 있다. 여러 외국에서 교직과정은 '선택과정'이 아니고 정교 교육과정이며, 게다가 양성 기간은 통상 5년에서 6년이며, 교육실습생 대부분 교직에 부임하게 된다. 이러한 조건이 장기 교육실습을 가능하게 하고 있다. 이 조건의 차이를 무시하고 일본에서 교육실습을 장기화하는 일은 대학에서의 배움의 질을 저하시킬 뿐만 아니라 학교 현장에 엄청난 부담을 강화시키는 일이 된다. 인턴제도는 이 문제 해결을 촉진할 것이다.

그리고 시보제도의 도입은 대학의 양성교육과 학교와 교육위원회의 현직교육의 접속과 일관성을 실현할 뿐만 아니라 교원양성에서의 현장 경험의 부족을 보충하고 전문가로서의 교사의 자립을 지원하는 일이 가능하게 된다.(더구나 여기에서 제안한 인턴제도는 인턴 1년간으로 급여는 반액으로 대학원에서의 15단위 이수, 대학원 진학자는 인턴 면제라는 제도구상이지만 인턴제도에 대한 재정 조치가 충분히 이루어진다면 장래는 인턴 기간을 2년으로 하고 대학원 진학자에게도 2년간의 인턴 기간을 설치하는 것을 검토해도 좋을 것이다)

새로운 도전을 향한 제언
- 개혁과 정책의 그랜드 디자인 -

그랜드 디자인의 정책원리

교사교육 개혁은 그랜드 디자인을 필요로 하고 있다. 일본 교사교육을 글로벌 스탠더드와 비교하면 약 15년에서 20년 가까이 뒤처지고 있다는 것을 이 책에서 여러 차례 반복하여 지적해 왔다. 이 뒤짐을 회복하는 일은 쉽지 않지만, 현재의 경직되고 교착된 제도를 내파할 그랜드 디자인을 창출하고 그것을 현실로 이끌 이론과 정책이 하루라도 빨리 준비될 필요가 있다. 마지막 장인 이 장에서는 지금까지의 논의를 개괄하고 새로운 정책제언도 포함하여 장래를 전망할 그랜드 디자인을 제시해 보겠다.

그랜드 디자인의 골격은 이미 준비되어 있다. '대학에서의 교원양성'이라는 전후 개혁의 틀을 넘어 '대학원 수준의 교원양성'으로 교사의 교육 수준을 업그레이드하는 일이며, 교사교육을 생애학습으로서 재정의하고 교직의 전문직화를 추진하고 양성교육에서부터 현직교육까지 일관하는 전문가 교육(professional education)을 구축하는 것이다.

 개혁의 그랜드 디자인을 구축하기 위해서는 몇 가지 정책원리의 검토가 필요하다.

 첫째로 교사교육의 이론적 기초를 '전문가 교육'에서 찾는 것이다. 오늘날 교사교육의 정책과 실천은 기초를 가지지 못하고 주관적인 경험과 판단에 의해 수행되고 있다. 존 듀이는 110년 이전의 오래된 논문 '교육에서 이론의 실천에 대한 관계'(1904년)에서 교원양성 문제는 '전문가 교육의 문제'이며 '건축가나 엔지니어나 의사나 변호사 등의 양성 문제와 같은 성질의 문제이다'라고 말하고 있다. 그리고 교사교육의 원리는 다른 전문가 교육과 마찬가지로 '지성적 방법(intellectual method)'에 기초하지 않으면 안 된다고 강조하고 있다.

 교사교육의 그랜드 디자인 구축에 즈음하여 듀이와 같은 주장을 반복하지 않으면 안 된다. 교사교육은 '전문가 교육'의 하나이며, 그 개혁과 정책과 실천은 '전문가 교육' 원리에 기초하여 구성되고 수행되지 않으면 안 된다.

 둘째는 '자질 접근'을 바로잡는 것이다. 현재 일본의 교사교육은 '자질 향상'이라는 개념으로 논의되고 정책화되고 있다. 그러나 세계 교사교육은 1980년대 중반 이후 '자질(trait) 접근'에서 '지식(knowledge) 접근'으로 전환하고 있다.

그렇다고 하더라도 일본 교사교육이 65년간이나 거의 변화하지 않고 제도개혁을 계속 거절해 온 것은 무슨 이유일까? 거기에는 복합적이고 구조적인 문제가 숨어 있다. 열거하자면 ① 일본은 미국이나 유럽과는 달리 사립대학이 80% 이상을 차지하고 교원양성이 교육 논리보다도 학생 모집을 위한 마케팅 논리에 지배되어 온 사실, ② 교원양성의 고도화와 전문직화의 주도권을 잡아야 할 교원양성계 대학·학부가 내부에서 교사교육 지향, 전문 학문 지향, 교양교육 지향의 3가지로 분열되어 합의를 보지 못하고 개혁의 주도권을 잡아 오지 못한 것과 ③ 다원적인 교원양성을 종합적으로 발전시키는 유효한 정책을 문부과학성이 입안하지 못한 것과 ④ 도도부현 교육위원회가 교사교육의 고도화와 전문직화 정책을 갖지 못하고 재정지원을 게을리해 온 점이 주요한 원인이다.

이러한 폐해와 장애를 극복하는 일 없이는 교사교육 개혁은 실현될 수 없다. 이 책에서는 그러한 것들을 최소한의 알력과 재정에 의해 극복할 방도를 제시해 왔다. 2012년 문부과학성의 자료에 의하면 공립 초·중학교 연령별 교원 수는 50세 이상이 35.6%를 차지하고 있다. 정년까지 다 채우는 교사가 40%대라는 것을 고려하면 향후 10년 사이에 반수의 교사가 교체될 것이다. 이 엄청난 세

대교체 시기에 교사교육의 고도화와 전문직화를 실현할 것인가 아닌가는 아이들의 장래와 일본 사회와 교육의 미래에 있어서 결정적으로 중요하다.

전문성 기준의 구축

교직의 전문직화를 추진하고 전문가 교육으로 교사교육을 재구축하기 위해서는 '전문성 기준'의 확립이 필요하다. 그러나 국가자격제도가 없는 일본에서는 지금까지 '전문성 기준'을 확립하지 않은 상태에서 교원양성을 하고 교원면허가 발행되고 교원채용이 이루어지고 현직교육이 실시되고 교장 임용이 이루어지고 교원평가가 이루어져 왔다.

전후 교사교육 개혁에 '전문성 기준'의 구상이 없었던 것은 아니다. 교육쇄신위원회의 구상에서는 의사나 변호사와 동등한 '국가시험'의 도입이 검토되고 있었지만, 그 구상은 좌절되었다. 소기의 구상대로 '국가시험'이 도입되었더라면 '전문성 기준'이 국가 기준으로 제정되어 있었을 것이다.

'전문성 기준'의 확립은 불가피한 과제이지만, 어떻게 달성하면 좋을 것인가? 최종적으로는 '국가 자격'으로 제정할 필요가 있지만, 그 준비로서 각각의 대학(대학원), 각각의 지방교육위원회, 각각의 현직연수센터에서 각 기관 독자의 '전문성 기준'을 작성하고 '전문성 기준'에 입각하여 교사교육 교육과정을 편성하고 채용시험을 개선하고 현직연수 프로그램을 개발하여 교원평가를 개선할 것을 제안하고자 한다.

교원양성 과정(課程) 인정도 현행처럼 교원조직이나 면허 과목이나 운영조직 요건으로만 심사할 것이 아니라 과정 인정을 신청하는 대학이 교육하는 전문가상을 명시하는 '전문성 기준'을 심사하기 바란다. 지금까지의 과정 인정 심사는 이른바 양성교육의 최저기준을 충족하고 있는가의 심사였다. '전문성 기준'의 심사는 각각의 대학 교사교육 이념과 정책의 확실성을 심사하고 교사교육의 질 향상을 촉진할 것이 기대된다.

각 대학(대학원)에서 '전문성 기준'을 작성하고 공표하는 것은 각 대학이 추구하는 교사 전문가상을 학생에게 명시하고 사회에 인지시키는 효과도 있다. 각 대학의 교사교육은 학생의 교원에 대한 채용률만이 아니라 오히려 각 대학이 실시하고 있는 교사교육 정책과 실천의 질로 평가되어야 한다. 문부과학성은 현재, 각 대학에 대해서 학위 정책과 교육과정 정책 작성을 권하고 있다. 교사교육에 관해서도 '전문성 기준' 작성과 공표를 요구하고 전문가 교육으로서의 교사교육 정책 만들기를 제창해야 할 것이다.

각각의 대학(대학원)과 지방교육위원회에서 작성되는 '전문가 기준'은 다양한 것이 좋다. 다양한 '전문가 기준'이 다수 축적됨으로써 교직의 전문가상을 풍요롭게 하고 전문가 교육의 비전과 내용을 세련시키는 것이 가능하게 된다. 다양한 '전문성 기준'의 풍부한 축적은 국가 수준의 '전문성 기준'의 확립 기초를 준비하는 일로 연결될 것이다.

면허제도의 개혁

2012년 8월 28일 중앙교육심의회는 '교직 생활 전체를 통한 교원의 자질 능력의 총합적인 향상 방책에 대해서'를 답신하고 '일반면허장(가칭)'을 석사 수준으로 끌어올리고 종래의 학부 졸의 교원면허장을 '기초면허장(가칭)' '일반면허장'보다도 높은 전문성을 증명하는 '전문면허장(가칭)'을 새로 설정하여 석사학위 수준의 교원양성을 표준으로 하는 3단계 교원자격제도로의 이행을 답신했다. 이 가운데 '기초면허장'은 기한을 둔 면허장이며, '일반면허장'은 현재의 전수면허장에 해당하며, '전문면허장'은 교직대학원 수료장의 면허장으로 상정되어 있다. 이 답신에 의해 장래 교원면허의 기본적 구상은 확정되었지만, 각각의 면허장이 어떤 요건을 갖추고 서로 어떤 관계가 되는가는 아직 구체적으로 정해져 있지 않은 셈이다.

교원면허를 구상하고 실시할 때 한 가지 제안하고 싶다. '면허장

(라이선스)'과 '자격증명(서티피케이트)'을 구분하자는 제안이다. '면허장'은 교직에 취임할 때의 라이선스이며, '자격증명'은 고도의 전문직성을 보증하는 서티피케이트이다. '면허장'과는 별도로 '자격증명'을 신설하는 이유는 전문가로서의 직위 위계로서의 '상석 교사(가칭)(lead teacher, advanced teacher)'의 범주를 신설할 것을 제안하고 싶기 때문이다(후술). '자격증명'은 교사의 전문가로서의 실천과 높은 능력의 증명이며, 그 심사는 교육행정으로부터 독립한 자율성 있는 '전문가협회'의 평가위원회가 맡는 것으로 한다. 그리고 '자격증명'을 보증받은 '상석 교사'는 전문가로서의 자율성을 부여받고 교육행정과 학교경영에서 특별한 역할을 담당할 권한을 부여받는다. 그리고 '자격증명'의 심사를 맡을 '전문가협회'와 그 위원회는 교사가 의사회나 변호사회처럼 전문가협회를 조직하고 있지 않은 사정을 고려하여 교육위원회 대표(교육장대표), 교장회 대표, 교원조합 대표, 교육학자 대표에 의해 조직하는 것으로 한다.

면허제도의 개혁에서 검토가 필요한 것은 현행 전수면허장이다. 면허제도 개혁으로 전수면허장은 '일반면허장'으로 이동하지만, 현행 그대로 전수면허장을 '일반면허장'으로 이동하는 것은 문제가 있다.

1988년에 신설된 전수면허장은 석사학위와 '교과 또는 교직에 관한 과목'을 24단위 취득함으로써 취득할 수 있는 면허장이다. 석사학위 취득에 필요한 단위는 30단위이기 때문에 통상 제1종 또는 제2종 면허장이라도 보유하고 있다면 석사학위를 취득하는 것만으로 자동으로 전수면허장을 취득할 수 있다. 게다가 전수면허장은 교직 전문가 교육의 수준을 보여주는 면허장이 아니다. 전수면허장은 대학원 석사과정 수료를 증명하는 것으로 교사의 전문성을 보증하지 못한다. 따라서 전수면허장은 교사교육의 고도화나 전문직화의 인센티브를 조금도 부여하고 있지 않다. 이러한 성격의 전수면허장은 문부성(당시)의 설계 실수가 아닐까?

면허장 제도의 개혁에 있어서 전수면허장을 '일반면허장'에 해당시키는 것에는 전수 면허를 취득하는 데 필요한 과목과 단위 수를 재검토할 필요가 있다. 전수면허장이 교직 면허장인 한 24단위를 취득하는 과목은 교과 전문과목만이 아니라 교직과목도 일정 수 포함시켜야 하며, 교직의 전문직화를 촉진하는 면허장으로 개선해야 할 것이다.

더구나 신규 채용에서의 전수면허장 취득자의 비율은 초등학교, 중학교, 고교 모두 지역 차가 크다. 신규 채용 초등학교 교원의 전수면허장 취득자는 도쿠시마현(德島県)이 15.7%, 가가와현(香川県)이 11.5%, 니가타현(新潟県)이 10.5%에 달하고 있는 것에 비해 이바라키현(茨城県)은 1.3%, 아키타현(秋田県)은 1.6%, 치바현(千葉県)은 1.8%이다.

중학교 교원의 경우도 도쿠시마현이 19.7%, 니가타현이 12.3%, 도야마현(富山県)이 11.5%인 것에 비해서 사이타마현과 치바현은

4.2%, 오사카부는 4.4% 도쿄도와 효고현은 4.5%이다. 고교 교원에 있어서도 기후현이 56%, 이시카와현(石川県)이 53.5%인데 비해서 고치현(高知県)은 12.5%, 후쿠이현은 13.2%, 치바현은 13.5%, 히로시마현은 14.5%이다. 일반적으로 볼 때 전수면허의 취득률이 높은 곳은 지방의 현이며, 대도시와 그 주변 현에서는 낮은 경향을 알 수 있다.

신규 채용의 전수면허장 취득률에 있어서 도도부현별 격차(초등학교에서 10배 이상, 중학교와 고교에서 4배 이상)는 도도부현에서의 신구 상대학의 유무와 교육위원회의 교원채용 정책의 차이에 의한 것이다. 도도부현 교육위원회의 교원채용 정책은 국가정책에 의해 급격하게 변화할 가능성이 크다. 중앙교육심의회의 답신이 정책화되면 재정적으로 핍박하고 있는 도도부현 교육위원회는 장래 현직교육 비용부담을 상정하고 석사학위 소지자를 많이 채용하는 정책으로 전환할 것이다.

'교직전문개발기구(가칭)'의 창설

교직 전문직화 요건의 하나가 전문가협회(professional association)의 조직이다. 의사는 의사회, 변호사는 변호사회, 건축가는 건축가협회, 연구자는 학회라는 전문가협회를 조직하고 있다. 전문가협회는 행정으로부터 독립한 조직이며, 전문성 기준을 정하고 국가 수준의 자격제도에 의해 국가시험을 실시하고 전문성을 자주적으로 개발하는 연구를 실시하고 윤리강령을 규정하여 전문가의 지위와 대우에 관한 제언을 하고 있다.

2차 대전 이전에는 전문가협회가 존재했었다. 1883년(메이지 16년)에 조직된 일본교육회를 모체로 해서 1896년(메이지 29년)에 조직되어 1948년까지 존속한 제국교육회가 바로 그것이다. 제국교육회가 2차 대전 직후에 해체된 것은 군국주의 교육의 추진 모체가 된 것에 대한 반성 때문이었다. 이 역사적 배경에 의해 교사들은 전문가협회를 잃은 채 오늘날을 맞이하고 있다(나가노현의 시나노교육회는 교육회가 현재까지 존속하는 예외적인 사례이다). 전문가협회의 상실은 자율적인 연수에 의한 전문직화의 추진과 전문적 자율성 수립의 기반을 잃었다는 것을 의미한다(전후의 교직원조합이 교육회 기능의 일부를 계승한 것이라 말할 수 있지만, 교직원조합은 노동조합이지 전문가협회는 아니다).

교사 전원이 가맹하는 전문가협회가 있는 나라·지역(예로, 스코틀랜드)과는 달리 국가 수준에서 전문가협회가 없는 일본에서 어떻게 해서 전문가협회의 기능을 확립할 수 있을 것인가에 대한 한 실례가 미국에서 1980년대에 조직된 '전미교직전문기준위원회(National Board of Professional Teaching Standards)'이다. '전미교직전문기준위원회'는 카네기재단의 지원을 받아 두 개의 교원조합(NEA와 AFT)의 대표자, 교장회 대표자, 교육행정회의 대표자, 교육학자의 대표자에 의해 조직된 전문가협회를 대표하는 조직이며, 전문성 기준의 국가 기준을 제정하여 교직의 전문직화를 추진하고, 전문가의 자율성 (professional autonomy)을 확립하여 교직의 전문적 지위와 대우를 개선하는 활동을 전개해 왔다. 현재는 각 주에 전문기준위원회가 조직되어 교사의 전문성을 심사하고 '자격증명(certificate)'의 인정을 행하고 있다.

일본에서도 교사의 전문가협회를 대표하는 '교직전문개발기구(가칭)'를 창설하여 국가 수준의 '전문성 기준'을 제정하고 전문직화를 추진하는 자율적인 기관을 조직할 필요가 있다. '교직전문개발기구'는 문부과학성과 도도부현 교육위원회와 시정촌 교육위원회의 대표(교육장의 표), 교장회와 교감회의 대표, 두 교원조합의 대표, 일반 교사 대표, 교육 관련 학회 대표, PTA 대표에 의해 조직되며, 문부과학성이나 중앙교육심의회와는 독립된 자율적인 조직으로서 구상하는 것이 가능하다.

'교직전문개발기구'의 사명은 교직 전문직화의 추진과 자율성 수립이며 ① 국가 수준의 '전문성 기준' 작성 ② 면허제도의 평가와 제언 ③ 도도부현의 채용시험, 연수제도의 평가와 지원 ④ 대학(대학원)의 전문가 교육의 평가와 지원 ⑤ '전문성 기준'에 의한 교사의 전문가로서의 자격증명 ⑥ 교직의 전문적 지위와 대우에 관한 제언을 하는 데 있다. '교직전문개발기구'는 일본학술진흥회처럼 독립행정법인으로 조직하는 것이 타당하다.

커리어 스테이지의 구축

　교직은 원래 직위가 없는 직업이었다. 교사는 교장, 교감이라는 관리직을 제외하면 신규 교사도 퇴직 전의 교사도 같은 직위였다. 그러나 최근에는 교장, 교감에 더해 부교장, 주임, 주간이라는 준관리직 직위가 도입되어 관료주의적인 직계급제도로 이행하고 있다. 이러한 중간관리직이 증가하는 것은 결코 바람직한 일이 아니다. 중간관리직이 늘어나면 늘어날수록 학교 조직은 관료주의화와 분업화가 진행되어 결과적으로 회의와 잡무가 증가한다. 학교의 협동성과 공동성과 민주주의를 존중한다면 조직은 심플하면 할수록 좋다. 중간관리직의 증가에 따른 학교운영의 관료주의화와 분업화는 교직의 전문성을 쇠퇴시키고 전문가 공동체를 해체하고 전문가 조직으로서의 자율성을 열등하게 만든다. 전문가 공동체는 개개 구성원의 전문성의 전체성과 자율성에 의해 조직되는 것이지 전문성의 분단과 분화에 의해 조직되는 것이 아니다.

　교사의 관료주의적인 직위에 대항하여 전문가로서의 직위 도입을 검토해야 할 것이다. 예로, 대학 교원은 조교, 전임강사, 준교수, 교수라고 하는 경력 위계(career ladder)가 있다. 이러한 직위는 행정상의 직위도 경영상의 직위도 아닌 전문가로서의 권한과 자율성에 관한 직위이다(예로, 유럽 대학에서 보통 강의를 담당할 수 있는 것은 교수 자격을 가진 사람만 가능하다. 강사, 준교수는 세미나나 튜터를 담당한다). 전문직으로서의 직위는 행정에 의한 관료주의의 평가가 아니라 전문가에 의한 동료(peer)평가이며, 전문가로서의 실적과 능력 평가에 의존한다. 의사나 변호사나 건축가는 대학 교원과 같은 직위를 규정하고 있지 않지만, 클라이언트에 의해 선정되는 전문직이며 병원이나 변호사사무소나 건축사무소 내에서는 대학 교원과 유사한 직위를 기능시키고 있다. 전문가는 직위에 의해 실적과 능력을 상호평가하며 협동으로 전문성을 서로 높이며 자율성을 옹호하고 있다. 대학 교원의 직위제도를 부정하는 사람은 아무도 없을 것이다.

교직에서도 전문직화를 추진하기 위해서는 행정직으로서의 직위가 아니라 전문직으로서의 직위를 정해야 할 것이다. 일반 교사와는 달리 '상석 교사(上席敎師, 가칭)'라는 상급 직위의 창설을 제안하고 싶다. 일반 교사의 요건은 면허장(라이선스)이며 '상석 교사'의 요건은 이미 앞에서 제시한 전문가 자격증명(서티피게이트)을 요건으로 한다. 그 비율은 전 교사의 20% 정도로 한다. '상석 교사'에게는 현재 교사보다 큰 권한과 자율성을 부여하고 교장, 교감과 함께 학교운영의 지도부를 형성하고 전문가 공동체의 중심적인 존재로서 학교개혁의 리더가 된다. 초임교사의 연수담당도 교육실습 지도교원도 '상석 교사'의 역할로 하는 것이 바람직하다.

교직에 상급의 직위를 설치하는 제안에 대해서 교사의 대부분은 저항을 보일 것이다. 지금까지 일본의 학교는 초임교사도 퇴직 전 교사도 평등함으로써 직장의 안정을 유지하고 교내 민주주의를 유지해 왔다. 그러나 현재 학교라는 직장은 안정적일까? 현재의 학교는 한 명 한 명이 주인공이 되고 있는 것일까? 반대다. 관료적 통제에 의한 책임과 직무 분업화에 의해 교사는 분열되고 고립되어 가고 있으며 잡무와 회의로 인한 다망화에 괴로워하며 전문가로서의 자율성은 전혀 없다고 생각되는 상황에 내몰리고 있다. 관료주의적인 직위에 의해 생겨나고 있는 학교 현실을 변혁하고 전문가 공동체의 형성을 추진하고 전문가로서의 자율성을 확립하여 학교 내에 민주화를 촉진하지 않으면 안 된다. 전문가 공동체에서는 직위 위계가 조직의 자율성과 민주주의 요건이다.

양성교육의 개혁-다원적 시스템의 효용

학교 교육의 개혁과 마찬가지로 대학과 교육위원회에서의 교사교육 개혁도 탑다운 방식으로는 달성할 수 없다. 위로부터의 탑다운과 밑으로부터의 바텀업 쌍방을 활성화하여 이 두 개를 유효하게 연결하지 않으면 안 된다. 그러나 문부과학성과 도도부현이 실시해 온 지금까지의 교사교육 개혁은 위로부터의 개혁만 추진할 뿐 밑으로부터의 개혁을 지원해 오지 않았다. 그 때문에 위로부터의 개혁도 거의 실패로 끝난 것이 실태라고 해도 좋을 것이다. 교직의 고도화와 전문직화 정책이 그 전형적인 예이다. 위로부터의 정책이 대학과 학교 현장에서 유효하게 기능하지 않기 때문에 고양이 눈처럼 다음에서 다음으로 모습을 달리하는 탑다운 정책이 실시되고 그렇게 하면 할수록 밑으로부터의 개혁은 쇠퇴하고, 현장 개혁의 창의성과 활력은 약해지고, 현장은 경직되고, 현실은 교착되어버리고 만다. 그렇게 되면 다시 다음의 탑다운 개혁이 시도되어도 다시 또 현장은 경직된다. 악순환이다.

이 악순환의 기반에는 일본 교사교육의 복잡한 다원적인 시스템에서의 상호 권익과 이해의 대립이 존재하고 있다. 이 현실을 인식하지 않는 한 모든 교사교육 개혁은 실패를 반복할 수밖에 없다. 그 때문에 일본의 교사교육제도는 2차 대전 직후부터 거의 개편되지 않은 채 오늘에 이르고 있다.

교사교육 개혁에서 이 악순환을 끊기 위해서는 탑다운 개혁이 그랜드 디자인을 명확하게 제시함과 동시에 복잡하고 다원적인 시스템을 살려낸 다양한 바텀업 개혁이 추진, 장려되고 지원되지 않으면 안 된다. 그러나 지금까지의 교사교육 개혁은 이 두 개의 어느 쪽도 다 불충분했다고밖에 말할 수 없다.

'대학에서의 교원양성'과 '개방제'라는 2대 원칙에 의해 수행되어 온 2차 대전 이후의 교사교육이 복잡하고 다원적인 교사교육 시스템을 형성해 온 것은 당연한 결과라 할 수 있다. 일본의 교사교육은 국립대학에서의 목적적 아니며, 교사는 국가공무원이 아닌 지방공무원이며, 다수의 사립대학이 교원양성을 담당하고 대학·

대학원에서만이 아니라 단과대학(우리나라의 3년제 전문대학과 유사함_옮긴이)도 교원양성을 담당해 왔다. 그리고 일반 대학에서의 교직과정은 정규 교육과정이 아닌 '선택'으로 제공하여 초등학교 교원양성의 전문직화는 교직과목 중심, 중학교·고등학교의 교원양성 전문직화는 교과 전공 중심의 논리로 추진되어 왔다. 이 복잡한 다원적인 시스템에 의해 교사의 전문가상도 여러 가지로 나뉘고 있다. 시민적 교양을 중심으로 하는 전문가상, 교과 전문성을 중심으로 하는 전문가상, 교직 교양을 중심으로 하는 전문가상으로의 분열이다. 이 전문가상의 분열에 의한 전문가상 자체의 미숙으로 교직 전문성 그 자체를 의심하는 사람들까지 생겨나고 있다. 몇몇 정치가의 폭언에서 볼 수 있는 바와 같이 교사는 "누구라도 할 수 있는 편하고 쉬운 일(easy work)"이라는 대중의 생각도 완전히 씻어내지 못하고 있다.

교직 전문직화의 추진과 자율성 확립은 하나의 개혁이나 정책에 의해 달성될 수 있는 것이 아니라 향후 10년, 수십 년에 걸쳐서 달성해야 할 과제이며 정부, 문부과학성, 대학, 지방자치단체, 학교 그리고 시민이 일체가 되어 추진해야 할 큰 사업이다. 이 개혁의 성패가 아이들의 미래를 결정하고 일본 교육과 사회의 미래를 결정하는 가장 중요한 과제임을 인식할 필요가 있다(연금제도 개혁만큼의 관심을 기울여야 할 과제일 것이다).

무엇보다도 중요한 것은 이미 지치고 경직화된 대학과 학교와 교육위원회의 자주적인 창의성과 개혁의 활력을 다시 살려내는 일이다. 이를 위해서는 복잡하고 다원적인 시스템 전부가 자발적이고 유효하게 기능하도록 다양한 밑으로부터의 개혁을 추진, 장려하고 지원할 필요가 있다.

이 책이 제시한 '전문성 기준' 만들기를 통한 전문가 교육의 추진은 모든 대학과 교육위원회와 학교에서 도전해 볼만한 것이며, 임시로 '교직전문개발기구(가칭)'와 같은 국가 수준의 기관이 설치되어 국가 기준이 제정되었다고 하더라도 '전문성 기준'의 다양성은 존중되어야 할 것이다. 마찬가지로 앞으로 추진 발전되어야 할 교사교육의 대학원 개혁도 일원적인 구상이 아니라 각 지역의 각 대학과 함께 다양한 도전을 촉진하고 다원적인 시스템으로 추진되어야 할 것이다.

문부과학성은 지방 국립대학의 모든 교육학부에 교직대학원을 2016년에도 개설하지만, 그 교직대학원도 다양하고 다원적인 시스템으로서 각 대학의 창의성과 자주성을 존중할 필요가 있다. 교직대학원에서 교사의 전문직화가 추진되는 것이 아니다. 교직대학원에서 양성하고 교육할 수 있는 학생·교사의 수는 100만 명을 넘는 교사의 극히 일부이다. 모든 대학과 대학원이 창의적으로 힘을 발휘하여 교직의 전문직화를 추진하는 다원적인 시스템의 구축을 그랜드 디자인할 필요가 있다.

채용제도 개혁-정규 교원의 증가와 공정하고 엄격한 채용으로

　채용제도에도 문제가 숨어 있다. 교원 채용에는 '마그넷(자석)'과 '스크린(체)' 두 가지 모두가 필요하다. 즉, 많은 사람이 교직을 지원하는 교직의 매력과 한 명이라도 더 우수한 교사를 선발하는 공정하고 엄격한 선발이 필요하다. 도도부현의 교원 채용은 이 두 가지 요건을 충족하는 채용을 하고 있는 것일까?

　현재 가장 걱정스러운 것은 도쿄, 오사카, 교토, 요코하마, 가와사키, 고베 등 대도시에서 교사들의 대량 채용에 의한 교사의 질의 저하이다. 전국 교원 채용 배율은 2000년에 12.6배라는 절정을 보인 후 낮아지는 경향을 보이며, 2014년에는 4.6배까지 떨어졌다. 일반적으로 교원 채용 배율은 4배를 밑돌면 신규 교사의 질 유지가 곤란해진다고 이야기하지만, 초등학교 교원 채용 배율은 위험 수준에 달하고, 특히 대도시와 대도시 주변 정령지정도시(인구 50만 이상의 도시_옮긴이)에서는 위기 상황에 돌입해 가고 있다. 대도시 교육위원회는 다른 지역으로부터 지원자를 모집하기 위해서 필사의 노력을 전개하고 간신히 위기를 모면하고 있는 상황이다.

　이 위기에 대한 대응에서 또 걱정되는 것은 교원의 연령 구성 불균형을 바로 잡기 위해서 신규 채용 교사를 줄이고 일 년 임기의 임시 채용 강사를 늘리고 있다는 것이다. 최근에는 대졸 신규 채용률이 40% 정도, 임시 채용과 비상근 강사 채용이 60% 정도가 되고 있다. 그리고 최근 20년간 각 현에서 소인수 지도와 소인수 학습이 도입될 때 비상근 강사와 임시 채용 강사(우리나라의 기간제 교사_옮긴이)가 계속 증가해 왔다. 그 결과 비상근 강사와 임시 채용 강사가 전체 교사의 27%에 달하는 지역도 있으며, 학교에 따라서는 과반수에 달하는 곳도 있다.

소인수 학급의 도입은 대부분 재정 조치도 없이 정치가의 선거 공약으로 도입되고 있으며, 전임 교사의 지위를 망가뜨리고 급여를 분산하는 방법으로 도입되고 있다. 그 결과 문부과학성에 의해 배분되고 있는 교원 급여는 모두 전임 교사 수에 맞추어져 있음에도 불구하고 학교 현장은 비상근과 임시 채용 강사로 넘쳐나는 상태가 되었다. 이렇게 도도부현의 교원 채용은 '악덕 기업화'하고 있다고 말해도 과언이 아니다. 비상근과 임시 채용에 의존하는 교원 채용은 학교를 위해서도 교사를 지망하는 젊은이들을 위해서도 즉각 중지되어야 할 것이다. 현재의 상태를 방치하게 되면 학교 현장은 3분의 1이 비상근 혹은 임시 채용이라는 상태가 일상화되고 교사 지망생은 평생 비상근 또는 임시 채용이라는 사태를 맞이할 수도 있다.

또 한편에서 우수한 교사를 한 명이라도 더 많이 확보할 수 있도록 채용에서의 공정성과 엄격함을 강화할 필요가 있다. 예전에 도도부현 교육위원회의 교원 채용은 연고에 의한 채용이 엄밀하게 이루어지거나 정치 이데올로기에 의한 채용 차별이 공연하게 이루어지는 등 부정과 불공정한 행위가 이루어져 왔다. 나 자신도 그러한 부정을 적발하여 개선을 요구한 경험도 있다. 정보공개제도가 정착한 현재에는 그러한 부정행위와 불공정한 행위가 줄고 있지만, 의심스러운 사태가 없는 것은 아니다. 예로, 특정 대학 졸업생이 일정 수 확보되어 있다거나 성차별로 생각되는 채용 틀이 암묵적으로 기능하고 있다는 사실은 앞으로도 검증되어야 할 것이다.

채용의 엄격성에 대해서도 검토가 필요하다. 예로, 대학 수업이 교원 임용을 위한 시험 대비 학원처럼 운영되는 대학 졸업생이 시험에 많이 합격하고 채용되는 현실이다. 그러한 대학에는 도도부현의 교육위원회로부터의 사다리 인사로 교수를 채용하고 있는 경우도 적지 않다. 이러한 사태가 생기는 것은 교원 채용 시험이 수험 대응만 잘하면 합격 가능한 시험이 되어 버렸기 때문이다.

교원 채용 시험 문제의 검증도 필요하다. '교직교양'의 채용시험 문제를 보면, 교직을 전문직으로 간주하고 있는 문제는 거의 없고, 교육학의 전문적 지식도 극히 일부에 지나지 않으며 그것도 3, 40년 전의 교육학 지식에 머물고 있다. 각 교과에서도 교과서 수준의 지식이 질문되고 있으며, 고교생 수준의 교양밖에 되지 않는 물음들이다. 이것으로 우수한 교사를 엄격하게 선발하는 것은 불가능할 것이다.

그렇다면, 모의 수업이나 면접시험은 엄밀한 전형이 되고 있는 것일까? 모의 수업의 모범 이미지를 살펴보면, 아무리 보아도 전통적인 일제식 수업의 틀을 넘지 못하고 반세기 이상 이전의 수업 양식이 전제가 되고 있다. 면접시험은 무엇이 전형 기준이 되고 있는지 애매하다. 한 도도부현의 면접시험 담당자에게 "무엇을 기준으로 전형하고 있습니까?"를 물어본 적이 있다. 그 담당자가 "우선, 목소리 크기입니다. 목소리가 크지 않으면 보호자에 대응할 때 지기 때문이죠"라고 진지한 얼굴로 대답했을 때 농담이겠지 생각했다. 목소리 큰 교사치고 훌륭한 교사가 없으며, 보호자에게 큰 목소리로 대응하는 일은 말도 안 되는 이야기이다. 이 에피소드가 극단적이라 하더라도 면접시험은 필요하지만, 면접에서밖에 물어볼 수 없는 내용으로 교사로서의 깊은 배려심과 확실한 식견을 묻는 시험으로 실시할 필요가 있다

그리고 도도부현 채용 제도의 가장 큰 문제는 채용 시험 문제와 채용 시험 방법에 있어서 어디에도 외부 평가가 이루어지지 않고 있다는 데 있다. 채용이 공정하고 엄격하게 이루어지기 위해서는 채용 시험 문제와 채용 시험 방법의 질적인 수준 향상이 필요하다, 독일처럼 채용 시험의 전제로 국가자격시험을 도입하는 것도 검토해 보는 것도 좋을 것이다. 적어도 앞서 기술한 '교직전문개발기구(가칭)'와 같은 독립행정법인을 조직하여 도도부현 교육위원회의 채용 시험과 채용 방법에 관한 제3기관 평가를 실시하여 채용 시

험과 채용 방법 개선을 지원하는 것이 필요하다. 이러한 제도적인 조건을 정비하는 일 없이는 채용 시험 준비에 몰두하는 대학에서 대부분의 채용 수를 채우는 사태를 극복할 수 없을 것이다.

임시 채용 교원의 급증에 대해서도 도도부현 교육위원회의 책임 있는 대응이 필요하다. 어떤 시정촌 교육위원회 임시 강사와 비상근 강사 채용에 막대한 힘을 쏟고 있다. 어떤 시정촌에서는 교원 면허를 가진 시청 직원을 강제로 학교에 내보내고 위기를 모면하는가 하면, 어떤 시정촌에서는 70대 중반의 퇴직 교사를 설득하여 위기를 모면하고 있다. 많은 임시 강사는 채용 시험에 떨어진 교원 지망자이며, 신규 교사 연수 같은 지원시스템도 없는 채로 교육실습의 연장 같은 수업을 하고 편의점의 아르바이트생보다 낮은 임금으로 일하고 있다.

비상근 강사는 예전의 출산·육아 휴직을 보충하는 데만 한정하고 임시 채용 강사는 폐지하고 이 책에서 제시한 시보제도로 전환할 것을 제안하고 싶다. 이 책에서 제안한 시보제도에 의한 채용이라면 시보 기간에는 전임 교사 절반의 급여가 보장되고 도도부현 교육위원회의 부담으로 대학원에서의 현직교육을 수강하여 전수면허(장래에는 '일반면허장') 취득에 한 걸음 다가갈 수 있다. 그리고 인턴으로서 학교의 지도 교원과 대학원의 담당 교원의 협력에 의한 지도를 받는 것이 가능하다. 현행의 비상근 강사와 임시 강사도 교직의 전문직화의 일환으로 조직하는 것이 가능하다.

현직교육 개혁

미국에서 1960년대에 의학교육 개혁이 이루어졌을 때 '의사는 침상 곁에서 성장한다'가 표어가 되었다. 이 표어를 빌리자면 '교사는 교실의 아이들 곁에서 성장한다'고 말해야 할 것이다. 예전에 교사교육은 양성교육이 중심이었지만, 현재는 평생학습을 지탱하는 현직교육이 중심이 되고 있다. 학교를 전문가의 배움의 공동체(professional learning community)로 개혁하는 것이 교사교육 개혁의 중심과제이며, 대학에서의 양성교육 개혁도 이러한 방향에서 앞으로 내다보고 추진해야 할 필요가 있다.

현직교육 개혁에서 대해서는 지금까지 도도부현 교육위원회와 시정촌 교육위원회가 실시하는 연수프로그램을 중심으로 정책화되어 왔지만, 이 사고방식과 정책은 전환되지 않으면 안 된다. 현직교육의 중심이 되어야 할 곳은 현이나 시의 연수센터가 아니라 학교이며 학습하는 주체는 교사이다.

현재 학교는 아이들의 배우고 성장하는 장소로 기능하고 있지만, 교사가 전문가로서 서로 배우고 성장하는 학교로서는 충분히 기능하고 있지 않다. 21세기 학교는 아이들과 마찬가지로 교사도 서로 배우고 성장하는 학교로 재구성되지 않으면 안 된다. 아이들이 수업을 중심으로 학교생활을 보내고 있듯이 교사들도 연수를 중심으로 학교생활을 보내도록 학교경영을 근본부터 개혁할 필요가 있다. 이 개혁은 현대 경영이론에도 어울린다. 과거의 경영은 사람과 돈과 사물의 경영이었지만, 현대 경영은 지식 경영이며 구성의 배움의 경영이다. 현대사회에서 성공한 기업 조직은 전부 '배움 조직(learning organization)'이라는 것이 알려져 있다. 학교라면 더욱 그러할 것이다.

일본의 학교를 전문가의 배움의 공동체로 개혁할 조건은 다 준비되어 있다. 독자 여러분은 놀라리라 생각되지만, 일본 중학교 교사의 연간 수업시수는 미국 중학교 교사의 연간 수업 시간의 절반 이하이다. 그럼에도 불구하고 일본의 중학교 교사는 미국 중학교 교사보다도 더 바쁘고 노동시간은 주당 12시간 이상이나 더 많다. 일본의 중학교 교사는 수업 외에 3가지 지도(특별활동, 생활지도, 진로지도)에 많은 시간을 쓰고 있으며, 관료주의적인 분업화로 회의와 잡무에 쫓기고 있다. 학교에서의 교사의 활동을 연수를 중심으로 재구성하는 일은 불가능하지 않으며, 지금 당장이라도 착수해야 할 사항이다.

학교를 전문가의 배움의 공동체로 재구성하는 가장 유효한 방법은 '교직전문개발학교'를 지역에 건설하여 그것을 거점 학교로 하여 주변 학교와 네트워크로 결합하는 방법이다(6장 참조). 이 거점 학교에 의한 개혁 네트워크의 성공 예는 한국의 '혁신학교' 네트워크에서도 볼 수 있다. 한국에서는 2009년 경기도의 진보교육감 선출과 함께 '혁신학교'를 중심으로 학교개혁이 추진되어 오고 있다.

2015년 현재 17명의 시도 교육감 가운데 13명이 혁신교육을 추진하는 교육감이며, 전국에 약 600개가 넘는 혁신학교가 만들어져 풀뿌리 학교개혁이 전개되고 있다. 일본에서도 내가 제창하고 있는 '배움의 공동체'는 전국에서 약 300여 개의 파일럿 스쿨이 연간 1,000회 이상의 공개연구회를 개최하고 주변 학교들과 개혁의 네트워크를 형성하고 있다.

'교직전문개발학교'는 대학과 학교의 협동, 연구자와 교사의 협동에 의한 전문가로서의 교사의 배움의 공동체이다. 앞으로 도도부현 교육위원회와 시정촌 교육위원회가 '교직전문개발학교' 혹은 거기에 준하는 학교개혁 정책을 세워 재원을 충당하고 실행한다면 대다수의 학교를 교사의 배움의 전문가 공동체로 개혁하는 일은 불가능한 일이 아니다.

지위와 대우의 개선

마지막으로, 교사의 전문가로서의 지위와 대우에 대해서 제언하고자 한다. 1974년에 성립한 인재확보법에 따라 교사의 급여는 일반 공무원보다 우대되고 그 이후 일본의 교사는 세계에서 가장 높은 액수의 급여가 보장되어 왔다. 이것이 우수한 교사의 확보로 이어지는 것은 분명하다. 그러나 현재 인재확보법에 의해 일반 공무원보다 20% 정도 높은 급여는 문부과학성의 계산으로 3%, 재무성의 계산으로는 4%로까지 떨어지고 있다. 무보수 초과근무의 현상을 고려하면 교사의 실질적인 대우는 일반 공무원 이하이다. 국제 수준에서 보아도 일본 교사의 급여는 OECD 가맹국 34개국 가운데 평균 수준이며, 근무 시간을 고려하면 실질적으로는 최저 수준으로 떨어져 있다고 할 수 있을 것이다. 이미 관리직 수당은 거의 기능하지 않고 있으며, 일반 교사의 급여도 최하 수준이다. 게다가 TALIS 2013(국제교원지도환경조사)이 밝힌 바와 같이 일본 교사의 노동시간은 여러 외국과 비교하여 극단적으로 많다.(더구나 전문가의 다망화와 열등한 대우는 최근 일본의 심각한 위기의 하나이다. 의사와 변호사의 다망화는 교사 이상으로 심각하며 의사, 변호사, 건축사, 임상심리사 등 어느 직업 할 것 없이 연봉은 감소하고 있다)

교사교육 개혁에서 유의해야 할 것은 교사교육의 고도화가 교사의 전문가로서의 지위 향상으로 이어지는 것이 아니라는 것이다. 예로 미국에서 1970년대에 교사교육이 고도화하고 석사학위 취득자가 급증했지만, 그것과 병행하여 교사의 급여는 저하하고 있다. 1986년에 교사교육 개혁이 시작될 무렵에는 미국 교사의 급여는 고교 졸업자의 급여의 최저 수준, '우편배달부보다 낮은' 상황까지 떨어졌다. 이 참상을 타개한 것이 카네기재단의 대책위원회에 의한 개혁이며 '전미교직전문기준위원회'에 의한 전문직화를 촉진하는 운동에 의해 10년 후에는 대폭적인 급여 개선이 각 주에서 달성되었다. 2배 가까운 급여로 개선한 주도 있다. 이 교훈은 교사교육의 고도화가 반드시 급여나 대우 개선으로 이어지지 않는다는 것과 전문적 자율성 구축이야말로 교직의 대우 개선을 가져다줌을 시사하고 있다.

교사의 전문가로서의 대우를 개선하기 위해서 새로운 인재확보법을 제정하는 것을 제언하고 싶다. 새로운 인재확보법을 제정하는 일 없이 교사의 지위와 대우를 개선하는 일은 불가능하며, 우수한 인재를 교직에 불러들이는 일도 불가능하다. 단, 예전의 인재확보법은 '우수한 교원을 확보하기 위해서'였지만 새로운 인재확보법은 '교직의 전문직화를 추진하기 위해서' 입안되어야 할 것이다. 면허법 개정에 동반한 '기초면허장'과 '일반면허장'과 '전문면허장' 창설에 따라 급여 위계는 달리 설정되어야 할 것이다. 즉 전문직화 논리에 따른 급여 체계이다. 일본 교사교육의 고도화가 정체되고 석사학위 취득자가 고민하는 최대의 요인은 교원 급여의 장점이 배려되어 있지 않기 때문이다. 새로운 인재확보법에 따라 전문직화의 논리를 명확하게 하고 교원의 대우 개선을 실현한다면, 교사교육 개혁은 큰 추진력을 틀림없이 획득하게 될 것이다.

에필로그

교사, 대학관계자, 정책결정자, 시민에게 보내는 메시지

교직의 전문직화를 위해서

교사교육 개혁이 어려운 최대 이유는 많은 사람이 교직을 '누구나 할 수 있는 쉬운 일(easy work)'로 간주하고 있다는 데 있다. 교직은 '아무나 할 수 없는 전문직(impossible profession)'이지만, 대부분의 사람은 이 사실을 인식하고 있지 않다. 이는 '교사의 본질은 아이들을 사랑하는 인간성에 있다'는 순진한 교사 이미지가 존재하는가 하면, 또 한편에서는 '수학에 정통하면 수학을 가르칠 수 있다'는 간단한 교사의 이미지가 존재한다. 좀 더 거친 견해로는 학원강사나 학교 교사를 동일시하는 이미지도 존재하고 있다. 최근에는 교직을 보호자나 시민에 대한 서비스업으로 보는 이미지도 범람하고 있다. 그러한 것들은 교직을 쉬운 일로 본다는 점에서 공통적이다. 그 때문일까 일찍이 교사는 '사람을 가르치는 일'에 두려움을 안고 있었지만, 그 감정은 약해지고 그것과 병행하여 사람들의 교사들에 대한 존경의 감정도 잃어가고 있다.

이 현실을 앞에 두고 가르치는 자와 배우는 자 사이에 불가결의 신뢰와 존경의 관계를 회복하는 것은 가능할까? 아이들과 보호자와 시민의 신임을 받고 아이들의 행복과 민주주의 사회 발전에 공헌할 수 있는 교사를 기르는 일은 가능할까? 이 책이 탐구해 온 교사교육의 고도화와 전문직화는 이 근본적인 문제를 탐구함으로써 추진될 것이다.

교사는 태어날 때부터 교사가 아니며 아무런 교육도 받지 않고 그냥 교사가 되는 것도 아니다. 교사는 교육과 배움에 의해 교사가 된다. 그 의미에서 '교사의 자질 향상'이라는 정책은 잘못되어 있다. 질을 향상하지 않으면 안 되는 것은 교사가 아니라 교사교육이며, 교사를 지망하는 학생의 배움과 현직 교사의 배움이며, 교사가 배우고 성장하는 환경이다.

이 책은 교사교육 개혁의 그랜드 디자인을 제시해 왔다. 이 책에서 제시한 개혁 제언에는 지금까지 논의되지 않았던 논제가 몇 가지 포함되어 있다. '교직 전문성 기준', '지역교원양성기구(가칭)', '면허(자격증)'와는 다른 전문가 '자격증명(certificate)', '상석 교사(가칭)'라는 새로운 직위, '교직전문개발기구(가칭)' 국가자격시험, '교직전문개발학교', '새로운 인재확보법' 등은 이 책이 제시하는 새로운 개혁의 디자인이다. 하나하나 당돌하게 생각될지 모르겠으나, 그 대부분은 해외에서도 구상되고 실시되어 온 개혁의 디자인이며 교직 전문직화를 추진하는 데 있어서 일관성과 합리성에 의해 유지된 시스템의 제안이다.

교사들을 향한 메시지

교사는 고독한 직업이다. 비록 학교에 친밀한 배움의 공동체가 형성되어 있다고 하더라도 교사의 고독은 해소되지 않을 것이다. 교사로 살아가는 자는 자신의 고독과 마주할 도량과 용기를 지니지 않으면 안 된다. 그러나 교사가 혼자서 배우고 성장하는 것은 아니다. 교사가 배우고 성장하기 위해서는 교실의 벽을 안에서부터 헐고 동료와 서로 배우는 관계를 만들어가지 않으면 안 된다. 학교를 배움의 공동체로 개혁하고 그 배움의 네트워크를 다른 학교 교사들과 구축해가지 않으면 안 된다.

일반적인 직업과 달리 교직은 공공적인 사명과 전문가로서의 배움과 직업윤리에 의해 유지되는 직업이다. 교사가 공공적 사명을 잃고 전문가로서의 배움을 잃고 교사로서의 교직윤리를 잃어버린다면, 일상의 실천은 창조성을 잃고 일련의 작업으로 전락하고 직업 생활은 진부해지고 피로감만 더해져 간다. 그 무감동적인 직업 생활로부터 생기는 것은 교육에 대한 니힐리즘일 것이다. 어차피 아무것도 변하지 않고 무엇을 해도 소용없다는 니힐리즘을 교사들은 어떻게 극복해 갈 것인가?

교사들의 교사로서의 존엄과 교사로서의 보람과 교육실천의 창조성을 회복하는 길은 교직의 자율성을 획득하고 아이들과 보호자와 시민과의 신뢰 관계를 보다 더 확실하게 하여 전문가로서의 배움을 풍요롭게 하는 데 있다. 배우는 교사만이 교직 생활의 행복을 누리는 것이다.

대학과 교육행정에 대한 기대

교사들의 전문가로서의 배움과 성장을 풍요롭게 하려면 대학과 교육행정이 수행해야 할 역할이 크다. 교사정책과 학교정책의 정책결정자에게는 많은 것을 기대하고 싶다. 재빠르게 개혁을 추진하는 것이 아니라 그 전에 아이들의 목소리와 교사의 목소리에 귀를 기울이기 바란다. 교육개혁의 주인공은 정책결정자가 아니고 아이들과 교사이다. 아이들과 교사의 의식이나 행동을 바꾸려고 할 것이 아니라 자신들의 의식과 행동을 바꾸는 일에 노력하기 바란다. 적어도 교육학의 전문적 지식을 존중하고 주관적인 억측이나 독단이나 발상에 의한 개혁은 삼가기 바란다. 학교 현장에 혼란을 더해줄 뿐이다.

지금까지의 학교개혁 철학이 충분한 결실을 거두지 못한 것은 아이들과 교사가 의식이나 태도를 바꾸지 않았기 때문이 아니라 정책결정자의 정책이 적절하지 못하고 아이들과 교사들의 가능성을 신뢰하지 않았기 때문이다. 그 반성에서부터 개혁을 출발해가기 바란다. 교사교육 개혁도 마찬가지이다. 교사교육의 정책결정자는 교사를 전문가로 간주해 오지 않았으며, 전문가로서의 교사의 자율성을 존중하지 않았으며, 전문가로서의 교사를 존경하지도 신뢰하지도 않았다. 여기에 개혁 실패의 최대 요인이 있다. 교사교육의 개혁을 실현하기 위해서는 교사를 존경하고 신뢰하는 일로부터 출발하여 교사의 창의와 창조성을 촉발하는 방법으로 개혁을 추진해야 할 것이다.

대학연구자들도 학교와의 관계, 교사와의 관계를 바로 세울 필요가 있다. 교사들을 지도하는 연구자는 많지만, 교사들로부터 배우는 연구자는 적다. 그것이 연구자와 교사와의 협동을 곤란하게 하고 대학과 학교 사이의 벽을 만들어내고 있다.

교사교육 개혁을 막는 한 가지 요인으로 교직과정을 입학생 획득의 수단으로 삼아 온 대학의 책임도 크다 하겠다. 전문 학문 지향, 교양교육 지향, 교원양성 지향의 삼색 내분으로 일관하여 교사교육의 자주적이고 자율적인 개혁을 달성해 오지 못한 교원양성계 대학과 학부의 책임도 크다. 교직의 전문직화에 대한 재정 조치를 게을리한 지방교육위원회의 책임도 마땅히 물어야 할 것이다.

교사교육 개혁을 국가정책으로 추진해 오지 못한 정부의 책임도 크다. 최근 30여 년간 세계, 대부분의 나라가 막대한 재원을 투입하여 교사교육의 고도화와 전문직화를 추진해 왔다. 그에 비해 일본 정부는 거의 아무런 정책도 없었다. 그런가 하면 '과학기술입국'을 칭하며 5년간 25조 엔의 예산이 과학기술기본계획으로 운용되고 있다. 교사교육 개혁은 과학기술 진흥과 같은 정도로 긴박한 과제이다. '교육입국'을 내걸고 과학기술 기본계획에 준하는 국가정책을 기본법과 기본계획으로 준비하고 미래 투자로서 예산을 준비해주기를 바란다. 이 책의 제언은 최소한의 재원으로 가능한 개혁의 디자인을 제시하고 있다. 예산 조치가 준비된다면 이 책의 제언은 기대 이상 큰 성과를 약속해 줄 것이다.

시민을 향한 메시지

마지막으로 교사교육 개혁에 대한 시민들의 이해와 협력을 구하고 싶다. 지금 당장 할 수 있는 일도 있다. 각각의 지역에서 개혁의 거점이 되는 '교직전문개발학교'를 건설하도록 시정촌의 자치단체들을 움직이기 바란다. 보호자라면 아이들이 다니는 학교 교사의 연수를 지원하기 바란다. 어떤 학교든 현직연수를 충실하게 하기를 바라고 있지만, 재정 삭감에 힘들어지고 있다. 현재 대부분의 학교가 연간 1회도 외부학교 참관에 교사들을 내보내지 못하고 있으며 연수 강사를 초청하는 일도 불가능한 상태에 있다. 각 학교에 교사의 배움을 지원하는 기금을 만드는 것도 유효하다. 학교로부터 독립한 지원조직을 만들어 약간의 지금을 준비하는 것만으로도 각 학교는 기대를 뛰어넘는 교사의 배움을 실현할 수 있을 것이다.

현재 학교는 보호자들로부터의 불만 처리에 시달리고 있다. 보호자, 시민 여러분께는 말참견할 것이 아니라 그 이상으로 손을 내밀어 주기 바란다. 그리고 학교와 교사에 대해서보다도 오히려 국가나 지방자치단체의 정책결정자에 대하여 참견해주기 바란다. 나아가서는 교사와 함께 지역 교육의 위상에 대해서 서로 이야기하고 서로 배우기 바란다. 지역과 학교가 연대하여 배움의 공동체를 형성한다면 학교 내에는 보다 더 풍성한 전문가 배움의 공동체가 형성될 것이다.

후기

　최근 30여 년간 세계 각국의 교육개혁은 교사교육 개혁을 중심으로 전개되어 왔다. 교육학 연구도 아이들의 배움에 관한 연구에서 교사의 배움에 관한 연구로 이동해 가고 있다. 그러나 일본의 교사교육 개혁은 국가정책이 되지 못하고 대학교수, 시민, 교사, 학생의 관심을 불러내지 못한 채 오늘에 이르고 있으며 일본의 교사 학력 수준은 세계 수준, 전문가로서의 자율성이나 지위도 세계 최저 수준으로 떨어지고 있다. 게다가 학교는 지금까지 그 예를 찾아볼 수 없을 만큼 피폐하고 교직 생활은 더 바빠지고 격렬한 세대 교체에 의해 향후 10년 이내에 일본 교사의 40% 이상이 교체되는 상황을 맞이하고 있다. 지금 바로 개혁을 실현하지 않는다면 그 영향은 앞으로의 50년에 영향을 미치고 말 것이다. 이 책을 집필한 이유는 이러한 절박함 때문이다.

왜 일본 교사교육의 고도화와 전문직화는 국제적으로 볼 때 20여 년이 늦어버린 것일까? 왜 일본 교사교육 정책은 실패를 반복하고 있는 것일까? 왜 일본의 대학과 학교는 교직의 전문직화를 추진해 오지 않은 것일까? 이 책은 이 수수께끼를 푸는 일에서 시작하여 교사교육의 이론적 실천적인 탐구를 통해서 앞으로 추진해야 할 개혁의 그랜드 디자인을 그려내기로 한 것이다.

이 10년간을 개인적으로 되돌아보면, 세계교육학회 창설 이사로서 전미교육아카데미 회원, 미국교육학회 명예회원으로서 미국의 교사개혁에 참가하고 멕시코 교육성 정책고문 사하이시 교육국, 서울시교육청의 정책고문으로서 나아가서는 '배움의 공동체' 국제 네트워크 조직과 30여 개국 500여 개 학교 방문이라는 많은 국제적인 경험을 통해서 일본의 학교와 교사를 밖으로부터 검증하는 기회를 얻게 되었다. 본서의 집필에서는 이러한 경험에서 획득한 지견과 자료를 가능한 한 살려내고자 노력했다.

본서 집필의 긴급성을 자각해가면서 이와나미서점 편집부와 집필을 약속하고 5년이나 지나버렸다. 나의 태만에 의한 지연이지만, 집필에서 있어서 일말의 망설임이 있었던 것도 사실이다. 교사교육 개혁에 대해 서술하는 것은 그것을 막고 있는 현실의 다양한 속박에 대해서 근본부터 검증하고 개혁의 방책에 대해서 급진적인 그랜드 디자인을 제시하지 않으면 안 된다. 그러한 것을 일개의 연구자가 해도 될까에 대한 망설임이다. 그러나 그랜드 디자인의 제안은 한 연구자로서 불손한 행위는 아니었을까 하는 망설임은 남아 있지만, 역시 집필하기 잘했다고 확신하고 있다. 무엇보다도 교사교육 개혁은 일본 교육과 사회의 장래를 결정하는 가장 중요한 논제이다. 비롯한 개인의 시론(試論)이라고 하더라도 개혁의 그랜드 디자인을 제시하는 것은 교육학자의 한 사람으로서 완수해야 할 책임이라고 생각하기 때문이다.

이렇게 늦어진 집필임에도 불구하고 이와나미 서점 편집부의 다나카 토모코 씨는 끈기 있게 격려하며 적절한 조언으로 도움을 주었다. 진심으로 감사드린다. 본서가 앞으로 전개될 교사교육 개혁에 일조할 수 있다면 더할 나위 없는 기쁜 일이다. 본서에서 이야기한 바와 같이 교사교육 개혁은 교사, 대학연구자, 문부과학성과 지방교육위원회 정책결정자, 학생, 시민이 협조하여 추진해야 할 국민적인 대 사업이다. 교사나 연구자나 교육행정 관계자는 물론 학생이나 시민 한 분 한 분에 이르기까지 널리 읽히기를 바란다. 본서는 학교와 교사의 현실을 바로잡고 교사교육의 장래상을 그리는 데 일조하기를 간절히 바란다.

2017년 사토 마나부

에듀니티 · 행복한연수원 원격연수 · happy.eduniety.net

30시간 2학점 직무연수

아이들에게 배움을 강요하고 있지는 않으세요?

[기본] 배움의 공동체, 수업이 바뀌면 학교가 바뀐다

이 과정은 '손우정 교수님과 함께하는 배움의 공동체 집중 연수' 현장 강의를 기초로
배움의 공동체의 철학과 원리, 실천방법을 충실히 다루고 있습니다.

30시간 2학점 직무연수

배움에서 도망치고 배움에서 소외되는 아이들까지도 배움으로 이끌 수 있습니다.

[심화] 배움의 공동체, 수업이 바뀌면 학교가 바뀐다

'배움의 공동체-수업이 바뀌면 학교가 바뀐다' 기본 과정을 심화 발전시킨 과정으로,
배움의 공동체 철학이 담긴 수업 속으로 좀 더 깊이 들어가서 살펴봅니다.

배움의공동체연구회와 함께 만들었습니다.
http://www.learningcom.kr

강의 손우정

현 배움의공동체연구회 대표 / 전 하자센터 배움공방 대표 / 전 월간 우리교육 기획위원 / 전 서울시 대안교육센터 전문위원

행복한연수원 원격연수 happy.eduniety.net

배움의 공동체 수업 디자인
1시간에 담긴 수업철학과 실천
30시간 2학점 직무연수

교육과정과 수업, 평가로 이어지는 배움의 공동체 수업디자인!
1시간 수업에 담긴 수업 철학과 실천!

배움의 공동체, 수업디자인

손우정 교수와 교사 10명의 수업디자인 전 과정을 공개합니다. 배움의 공동체 수업이 어떤 모습인지, 한 명의 아이도 배움에서 소외되지 않는 질 높은 수업이 무엇인지 궁금한 분들이라면 지금 신청하세요.

교사의 배움
01. 왜 수업인가 - 수업혁신의 배경과 방향
02. 수업디자인과 교육과정 리터러시
03. 수업디자인을 위한 성취기준 이해와 활용
04. 수업디자인 실습(1)
    - 교육내용 편성 원리와 흐름
05. 수업디자인 실습(2)
    - 교육과정 재구성의 실제

교사의 실천
06. 주제가 있는 수업디자인
07. 활동, 협동, 표현하는 배움이 있는 수업디자인
08. 아이들과 교재를 어떻게 만나게 할까

09. 듣기에서 시작되는 수업디자인
    - 활동지의 변화과정
10. 고3 교실에 꽃 핀 배움 중심 수업
11. 평가와 기록, 성장과 변화를 담다
12. 배움 중심 수업으로 전환, 1년의 기록
13. 배움 중심 평가로 전환, 1년의 기록
14. 활동적 배움의 의미 - 수업디자인의 변화
15. 삶과 연계한 교육과정 재구성
16. 돌봄이 있는 과정형 평가
17. 수업 구체화와 교사의 마음가짐
18. 1시간 수업디자인 흐름 잡기
19. 서로 묻고 답하는 열린 평가
20. 수업의 변화, 교과의 재발견

21. 배운 지식을 활용하는 실습 수업디자인
22. 한 분야의 깊이있는 탐구
    - 프로젝트 수업디자인
23. 교육과정 재구성의 3단계와 교과융합
24. 도입-기본과제-점프과제의 흐름 이해
25. 성장을 격려하는 평가
26. 학교교육과정과 배움의 공동체 문화
27. 교육과정 재구성시 생각해볼 문제
28. 점프의 배움을 고민하는
    수업디자인과 평가
29. 나를 찾아가는 포트폴리오 수업디자인
30. 영혼을 흔드는 배움 중심 수업-평가

강의 한국배움의공동체연구회
www.learningcom.kr

함께한 선생님 손우정, 황금주, 육기엽, 김형규, 손임영,
윤준서, 손민아, 한수현, 곽지영, 김말희, 전인원